報道圧力

官邸VS望月衣塑子

臺宏士 著

緑風出版

目　次

報道圧力——官邸ＶＳ望月衣塑子

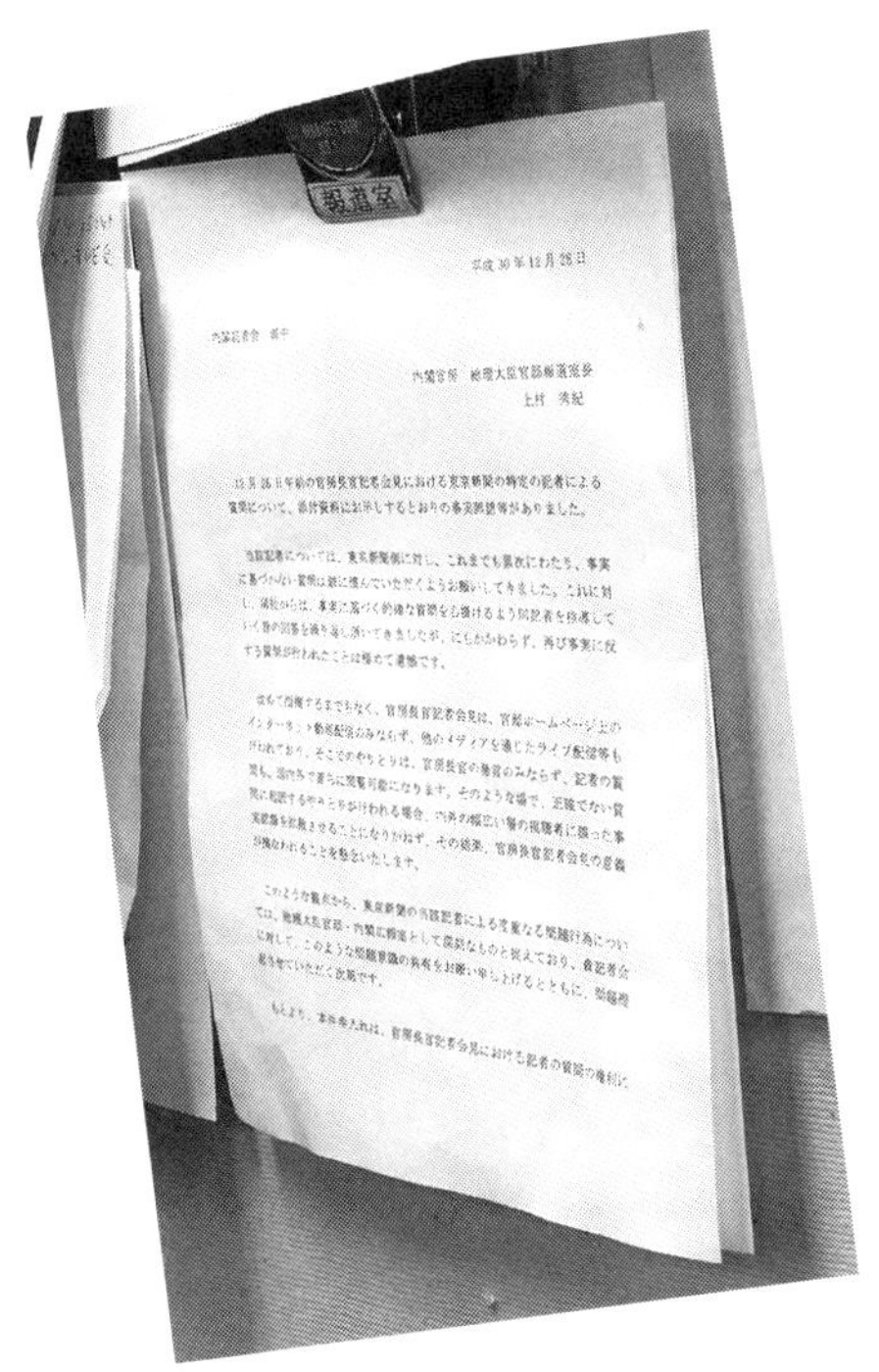

平成30年12月28日

内閣記者会　御中

内閣官房　総理大臣官邸報道室長
上村　秀紀

首相官邸内にある内閣記者会の掲示板に張り出された「問題意識の共有」を求める文書。2018年12月28日「内閣官房　総理大臣官邸報道室長　上村秀紀」名で出された。文書を挟むクリップには「報道室」と印字されたシールが貼られているのが分かる。内閣記者会は受理していないという立場だ。

序　章

「問題意識の共有」 2018年12月28日

首相官邸前で質問制限に抗議する望月衣塑子・東京新聞社会部記者。日本マスコミ文化情報労組会議（ＭＩＣ）が呼び掛けた抗議行動には記者ら約600人が集まった。この日の前日、上村秀紀・官邸報道室長による質問をせかす妨害行為はやんだという＝東京・永田町の首相官邸前で2019年3月14日、筆者撮影

新聞記者の存在がこれほど注目を集めたことが近年、あっただろうか。

毎週末のように開かれる講演会は政治家をしのぐ盛況ぶりで、著書の『新聞記者』は版を重ね、ついには同名の映画「新聞記者」（藤井道人監督）が制作されて二〇一九年六月に劇場公開されるまでになった（第四三回日本アカデミー賞で、作品賞、主演男優賞、主演女優賞の三部門で最優秀賞を受賞）。記者を追いかけたドキュメンタリー「i－新聞記者ドキュメント－」（森達也監督）も一九年一一月に公開された（「第九三回キネマ旬報ベスト・テン」の文化映画ベスト・テン第一位）。言わずもがなであるが、東京新聞社会部の望月衣塑子記者のことである。「令和おじさん」として知名度を上げて一躍、ポスト安倍の一角に躍り出たとも言われた菅義偉・内閣官房長官の記者会見で、歯に衣着せぬ物言いで質問をぶつけ続けている。

その一方で、望月記者の質問内容をめぐって、東京新聞（中日新聞東京本社）は、首相官邸から何度も抗議の申し入れを受けていた。その件数は、二〇一七年六月六日に望月記者が初めて官房長官会見に出席し、三カ月ほど後の九月一日に最初の申し入れがあってから、一九年一月二一日までの一年半ほどの間で九件にも上っていた。

この事実がわかったのは、菅官房長官自身が一九年二月に国会で明かしたからだ。

この年は二月に入ると、選択出版（東京都港区）の月刊誌『選択』が報じたある記事をきっかけに、報道界では大きな騒動が起きていた。た。前年暮れ、望月記者は、菅官房長官に沖縄の米軍普天間飛行場（宜野湾市）の移設に伴う名護市辺野古の新基地建設に絡んだ質問を投げかけ質問を投げかけた。同誌は、この質問内容について、官邸が「事実に反する」として、記者会見を主催する内閣記者会に対して、「問題意識の共有」を求める申し入れをしていたことを記事にしたのだった。しかもこの申し入れ文書は、内閣記者会の掲示板に張り出された。本当に事実に反した内容だったのか。もし、事実に反していないのであれば明らかに取材への妨害。報道圧力である。

いったい、どんな質問だったのか。

この問題は、第8章で詳しく取り上げるが、一八年一二月一四日に辺野古で始まった新基地建設の土砂投入によって海の水は、たちまち赤みがかっていった。望月記者も赤土の混入を疑い、菅官房長官に一二月二六日の記者会見でただした。

「（土砂を投入している）琉球セメントは県の調査を拒否し、沖縄防衛局が実態把握できていない」

官邸はこれを「事実に反する」とし、二日後の一二月二八日、東京新聞と内閣記者会に申し入れた――というわけだ。

この『選択』の記事が二月一日、検索サイト「ヤフー」のニュース欄に掲載されると、反響はまたたくまに広がった。

日本新聞労働組合連合（新聞労連）は四日後の二月五日、「官邸の意に沿わない記者を排除するような今回の申し入れは、明らかに記者の質問の権利を制限し、国民の『知る権利』を狭めるもので、決して容認することはできません」と抗議する声明を発表した。望月記者が所属する中日労組は、新聞労連加盟社ではないが、同じ記者仲間に対する取材妨害を憂えた。この声明を新聞各紙が報じ、多くの人たちが知るようになる。新聞社は社説でも取り上げた。

いち早く取り上げたのは、朝日新聞で二月八日と二二日の二回も書いている。他にも北海道（二〇日）、京都（一七日）、信濃毎日（一八日）、琉球新報（一九日）、東京（一九日）、神奈川（二一日）、沖縄タイムス（二二日）、毎日（二四日）と続き、記者に対する取材妨害問

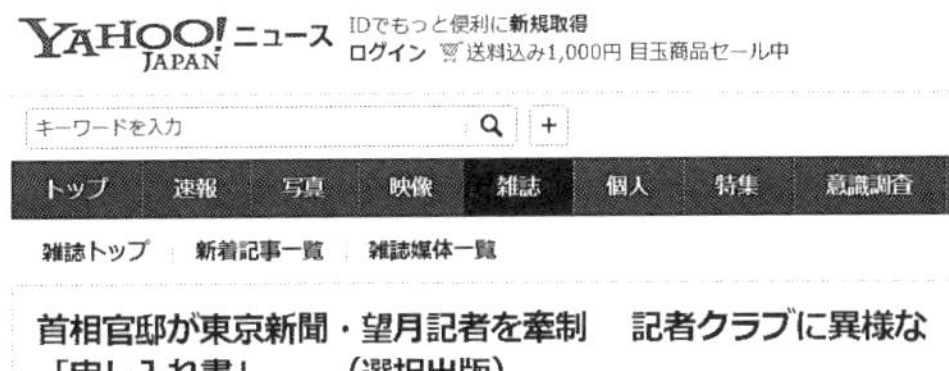

YAHOO! JAPAN ニュース　IDでもっと便利に新規取得　ログイン　送料込み1,000円 目玉商品セール中

キーワードを入力

トップ　速報　写真　映像　雑誌　個人　特集　意識調査

雑誌トップ　新着記事一覧　雑誌媒体一覧

首相官邸が東京新聞・望月記者を牽制　記者クラブに異様な「申し入れ書」　（選択出版）

2/1(金) 7:03配信　三万人のための情報誌 選択

首相官邸からの申し入れ書が話題になっている。昨年末、内閣記者会の加盟社に上村秀紀・総理大臣官邸報道室長の名前で届いた文書は、官房長官会見での特定の記者の言動をクラブとして規制しろといわんばかりの内容だった。

文書では「東京新聞の特定の記者」による質問内容が事実誤認であると指摘。そして会見がネット配信されているため、「正確でない質問に起因するやりとり」は「内外の幅広い層の視聴者に誤った事実認識を拡散」させ、「記者会見の意義が損なわれる」と訴える。

仮に事実誤認なのであれば、そう回答すればいいようなものだが、この「特定の記者」が望月衣塑子氏であることは明白。要は望月氏の質問を減らせとクラブに申し入れているようなものなのだ。

同文書は最後に、「本件申し入れは、記者の質問の権利に何らかの条件や制限を設けること等を意図していない」という言い訳で終わる。よもや、圧力に屈するメディアなどいないとは思うが……。　（選択出版）

官邸が内閣記者会に出した「問題意識の共有」を求める文書の存在は、月刊誌『選択』の記事が「Yahoo! ニュース」で、2019 年 2 月 1 日に掲載されたことをきっかけに広く知られるようになった。望月衣塑子記者もこの記事で知ったという。

題はますます大きくなっていった。

こうしたなかで、衆院予算委員会で奥野総一郎氏（国民民主）の質問に、菅官房長官が明かしたのが、実は過去に九件も望月記者の質問にかかわる抗議を官邸は東京新聞に申し入れていたということであった。

「何回となく事実と異なる発言があったということも事実でありますので、実は新聞社（筆者注・東京新聞）には抗議をしています。かつて、たしか九回ほど。そして、今回は、これは、記者会見の主催はまさに記者会でありますから、何回となく続いているものでありますから、記者会に申し上げたということです」（二月一二日衆院予算委員会）

一件目の一七年九月の申し入れは知られていた。官邸が内閣記者会に文書を配布したからだ。一年三カ月ぶりに二件目の申し入れがあったという事実だけで、驚きだったのだが、そのほかに七件も明らかにされていない申し入れがあったことは、東京新聞の社内でも一部の幹部のみ知るだけで、当事者である望月記者でさえ、すべてを知っていたわけではなかったという。

「いま、なぜ私が良くも悪くも浮いてしまっているのか。森ワールドを通して社会、政治状況があぶり出たのではないか」。望月衣塑子記者（中央）は「ｉ -新聞記者ドキュメント -」（2019年11月15日公開）の試写会でそう語っていた。森達也監督（左）とエグゼクティブ・プロデューサーの河村光庸氏（右）＝東京都千代田区で2019年10月23日、筆者撮影。

東京新聞は二〇一九年二月二〇日朝刊にこの問題について取り上げた特集記事「検証と見解／官邸側の本紙記者質問制限と申し入れ」を掲載した。このなかで官邸からあった九件の申し入れがどんな内容だったのかについて初めて読者に報告し、官邸への反論内容も明かした。広告のない全面を使った紙面からは、官邸と東京新聞が水面下で繰り広げた激しい攻防の一端が浮かび上がってくるような内容だった（菅官房長官は二月二〇日午後の記者会見で、この特集記事について「両者の間のいくつかの重要なやりとりが掲載されていないなど、個人的には違和感を覚える」と述べている)。

「検証と見解」によると、官邸が東京新聞に行った九件の申し入れのうち四件は「事実でない」というもので、残りの五件は質問ではなく「意見」「(官房長官は質問した内容のようには)発言していない」「要請」「個人的見解」との指摘で、それぞれ一件。そして、報道発表前の情報に質問のなかで触れたとして抗議したのが一件——という内訳だ。質問した内容は、学校法人・加計学園問題が一件、学校法人・森友学園問題が三件、沖縄・辺野古基地問題が二件。残りは各一件ずつとなっている。

「あなたに答える必要はありません」。

菅官房長官は一九年二月二六日の記者会見で、望月記者の「この会見を一体何のための場だと思っているのか」という質問にこう言い放った。

官房長官の記者会見は、「内閣記者会」が主催者だ。官邸が望月記者の質問内容が気に食わないからといって望月記者を一存で排除するようなあからさまな嫌がらせをすることはできない。

首相官邸が取った手段は、三つあった。

一つは、質問する記者を指名するのは官房長官自身であり、会見の司会進行役は実質的には官邸の役人が受け持つという記者会見の慣行の乱用だ。

望月記者の質問の途中で、進行役が頻繁に口をはさんで質問をせかすという形での妨害だ。例えば、二〇一九年一月一八日は、沖縄県の県民投票に関する二つの質問で計八回もあった。

望月記者に対する質問妨害が激しくなり始めたのは、前年の一八年九月にあった故・翁長雄志・前沖縄県知事の死去に伴う県知事選で、翁長氏の遺志を継ぎ、辺野古新基地の建設反対を訴える玉城デニー氏が初当選を果たし、望月記者の質問が沖縄の基地関連にも重点を置き始めてからだったという。だから沖縄関連の質問への妨害はとりわけ目立つ。望月記者の質問は、常に記者会見の最後に二回だけである。本来、記者が手を上げる限り指名し続けるという官房長官の記者会見の慣行は歪められた。

そして二つ目は、内閣記者会への働きかけである。文書での申し入れというようなわかりやすいこともあるが、官房長官の番記者をターゲットにすることもあるらしい。ある種の記者の分断工作だ。

最後の三つ目が、望月記者が所属する東京新聞に抗議を繰り返すことである。

マスメディア産業の凋落、そして既存のマスメディアへの不信の広がりという逆風下と、長期化する安倍政権下で起きている「望月現象」。官邸が東京新聞に行った九件の申し入れはどんな内容だったのか。本書では東京新聞が明らかにした申し入れの時系列にそって官邸が苛立ちを見せた「望月質問」について検証した。

第１章

「認可保留決定が出た」2017年8月25日

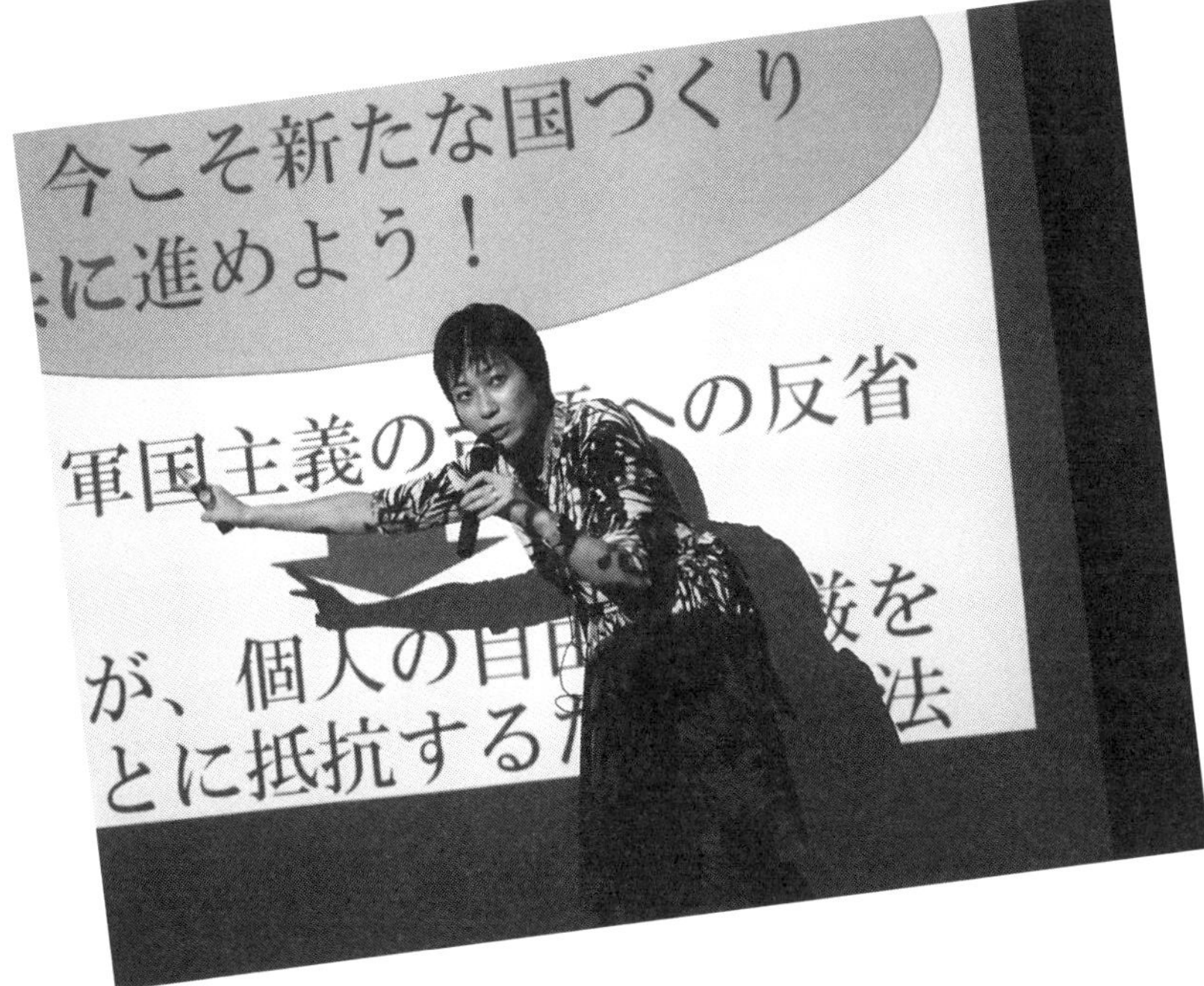

「2017年8月末になると上村秀紀報道室長が番記者に接触しまして、幹事社の方に『これまで通り番記者には手が上がり続ける限り、何回でも何問でも指し続ける。しかしながら、望月衣塑子の質問だけは制限させて頂きたい』と内々に打診したらしい」。望月衣塑子・東京新聞記者は市民らを前に質問妨害の実態を明かした＝東京都豊島区で、2019年6月15日、筆者撮影

■官邸「許容できない」

望月記者　（加計学園の獣医学部新設で）認可の保留という決定が出た（二〇一七年八月二五日）

官邸　質問で発表前の情報に言及することは許容できない（二〇一七年九月一日）

＝「特集記事『検証と見解／官邸側の本紙記者質問制限と申し入れ』（東京新聞二〇一九年二月二〇日朝刊）の「本紙記者の質問に対する9件の官邸側申し入れと本紙回答」から抜粋（一部修正した）。以下、各章同じ

◇◇◇

東京新聞の特集記事「検証と見解／官邸側の本紙記者質問制限と申し入れ」によると、望月衣塑子・東京新聞記者の官房長官会見での質問をめぐり、同紙が官邸から最初に申し入れを受けたのは、二〇一七年九月一日だった。望月記者が初めて首相官邸の記者会見場に姿を現した六月六日から約三カ月後だった。

「国民に誤解を生じさせるような事態は許容できない」――。

東京新聞政治部次長（官邸キャップ）という立場だった篠ヶ瀬祐司記者（当時）宛ての文書は、非常に強い調子でそう非難した。

この文書を出したのは、記者会見で司会進行役を務める、上村（うえむら）秀紀・官邸報道室長だ。上村報道室長は官邸による東京新聞に対する九件の申し入れにかかわっている人物だ。

官邸が問題視したのは、一週間前の八月二五日午前の記者会見で望月記者がぶつけた、学校法人・加計学園（岡山市）の問題についての質問だった。

そもそも、社会部記者である望月記者が報道各社とも政治部の取材範囲である官房長官の記者会見に出席しているのはなぜか。

望月記者によると、目的の一つは、加計学園が、傘下の岡山理科大学の獣医学部（二〇一八年四月開校）を愛媛県今治市に新設する問題について質問するためだったという。

朝日新聞が二〇一七年五月一七日朝刊で、獣医学部の新設に難色を示す文部科学省に対して内閣府が「官邸の最高レベルが言っている」「総理のご意向」――などの言葉を使って、文科省に開設を急がせる様子を記した同省の内部文書の存在を報じた。

この報道をきっかけに社会の大きな注目を集めることになった、加計学園の加計孝太郎理事長は、安倍晋三首相が二人の関係を「私と加計さんはまさに腹心の友である」と表現する人物で、望月記者は安倍首相に直接見解をただしたかったらしい。ところが調べてみると、安倍首相が官邸で記者会見を開く回数は年に数回ほど。例えば、二〇一七年から一九年までに安倍首相の記者会見は、外国の首脳との共同会見などを除くと、各年とも四回ほどに過ぎない。これには年頭の記者会見や「令和」の元号の発表も含まれている。二〇年も一月に新型コロナウイルスによる国内感染が確認されてから、安倍首相が初めて記者会見を開いたのは二月二九日。記者が安倍首相に直接質問できる機会は、移動中の首相に番記者が直接語りかけることができた以前とは異なり、いまでは極めて限られているのである。

首相会見では、東京新聞の政治部すら直接質問する機会は限られている。そこで目を付けたのが、内閣記者会が主催する官房長官の記者会見だったというのだ。原則として平日の午前と午後に二回開かれ、質問する内容や時間の限定はない。丁々発止の問答にたけた望月記者にはもってこいの条件だったともいえる。

一七年八月二五日の質問に話を戻す。

加計学園問題は、朝日新聞の報道から約三カ月たった八月時点での焦点は、文科省の大学設置・学校法人審議会が獣医学部の新設を認める答申を出すかどうかだった。

二五日午前、望月記者は次のような質問をした。このときの記者会見の時間は全体で約三〇分間あり、このうち約七分間にわたり質問している。質問数も一〇問。ほぼ二問に制限さ

望月衣塑子・東京新聞記者を指名する菅義偉官房長官。望月記者が23回質問した後に官邸は「総理のご意向」文書の再調査に向けて動き出した＝2017年6月8日午前の記者会見。テレビ朝日の報道番組「報道ステーション」から。

れている現在とは大違いである。加計学園問題に関する質問は八問目だった。

望月記者　最近になって公開されております、えー、加計学園の設計図、今治に出す獣医学部の設計図五二枚ほど公開をされました。それを見ましてもバイオセキュリティーの危機管理ができるような設計体制になっているかは極めて疑問だという声も出ております。また、単価自体も通常の倍ぐらいあるんじゃないか、という指摘も専門家の方から出ています。こういう点踏まえても、今回えーと、学校の認可の保留という結果が出ました。本当に特区のワーキンググループ、政府の内閣府がしっかりと学園の実態を調査していたのかどうか。ここについていま、政府としてのご見解をお聞かせ下さい。

菅義偉官房長官　いずれにしろ、あのー、学部の設置認可については昨年一一月および本年四月も文部科学大臣から大学設置・学校法人審議会に諮問しており、まもなく答申が得られる見込みであると聞いており、今の段階で答えるべきじゃないと思います。この審議会というのは、専門的な観点から公平公正に審査されている。こういうふうに思います。

首相官邸のホームページにある官房長官会見の映像を見ると、望月記者の方を見て、質問に耳を傾けていたと思われる菅官房長官は、望月記者が「学校の認可の保留」と言及すると、上村報道室長が立っている上手の方向を一瞥する様子を確認することができる。

案の定と言うべきなのか。七日後の九月一日、上村報道室長が官邸キャップの篠ヶ瀬記者に出した文書は次のような内容だった。

＜貴社の記者が質疑の中で、平成三〇年度開設の大学等についての大学設置・学校法人審議会の答申に関する内容に言及しました。

正式決定・発表前の時点での情報の非公表は、正確かつ公正な報道を担保するものです。官房長官記者会見において、未確定な事実や単なる推測に基づく質疑応答がなされ、国民に誤解を生じさせるような事態は、当室としては断じて許容出来ません。貴社に対して再発防止の徹底を強く要請いたします〉

上村報道室長名のこの文書は、申し入れた理由について、「文部科学省広報室から当室に対し、当室から内閣記者会駐在の貴社の記者に注意喚起を行うよう要請がありました」と説明している（後述するが、官邸はこの文書を東京新聞に出したことを内閣記者会に情報提供している。このため、このときの申し入れは、広く知られることになったという経緯がある）。

前日の八月三一日に文部科学省の三木忠一広報官は、東京新聞に対して、「（望月記者が官房長官会見で）言及のあった当該内容は、正式決定・発表前の時点のもので、当該記者会見の場という公の場において言及されることは、当該質疑に基づく報道に至らなかったとはいえ、事前の報道と同一のものとみなし得る行為であり誠に遺憾です」と批判し、「今後二度とこのようなことのないよう、再発防止策の真摯な実施を求めます」と申し入れていたのだった。

つまり、望月記者の質問は、官邸報道室と文科省広報室の二つから問題視されたというわけだ（それにしても政府が記者会見での質問を「事前の報道と同一のものとみなし得る行為」と解釈したことをメディアが問題視しないままにしたことは、将来禍根を残すことにならないのか、心配な点ではある）。

とりわけ、上村報道室長は「未確定な事実や単なる推測に基づく質疑応答がなされ、国民に誤解を生じさせるような事態は、当室としては断じて許容出来ません」と望月記者を厳しい表現を使って批判したのだった。

文科省や官邸がどうしてこれほどの怒りを示したのかというと一つには、望月記者が触れた「認可の保留」は、この日の午後、文科省が発表を予定していた情報だったからだ。インターネットで中継されている記者会見で先に言及したら、望月記者のいわば「特ダネ」になるわけだ。親切にも会見の参加者全員に教えたということに過ぎない。

問題にされたのは、文科省にとって不都合な事実を報じられたからではなかった。文科省が事前に文科省の記者クラブの加盟社に対しては説明をしており、その情報を報道できる解禁日時も設定されていた。望月記者は、記者クラブの記者ではないとはいえ、加盟する新聞社の記者でありながら、その取り決めを結果的には破ったというわけだ。

各省庁がそれぞれの記者クラブとどのような発表前の情報提供についての取り決めをしているのかを、記者クラブに所属していない記者が知ることは実務的にはまずない。

知らなかった記者がたまたま別のルートから入手した情報をもとに記事にしようとすれ

「（記者会見で）突っ込めばそれだけ成果出ているし、それがメディアの仕事」。前川喜平・元文部科学省事務次官はそう訴えた＝東京・有楽町の有楽町朝日ホールで、2019 年年 6 月 17 日、筆者撮影

ば、通常だと、報道される前に担当記者（この場合は文科省の記者クラブに所属している記者）にも問い合わせや、ゲラなどの形で情報が回るので報道に至ることはまずない（場合によっては、情報源が異なることで確信的に報じる報道機関もあるかもしれない）。

予め通告のあった質問だけに答えるということでもしない限り、望月記者のように取り決め内容を知らない記者の質問を、記者会見などの取材段階で防止するのは、現実的にはかなり難しい。記者会見には、取り決めの場となった記者クラブに所属していないフリーランスのライターもいることだってあるのだ。

ただ、このケースで文科省や官邸の激しい抗議が腑に落ちないのは、望月記者の質問や文科省の発表を待つまでもなく世の中の人たちは、大学設置・学校法人審議会が認可を保留するであろうことを、報道を通じてすでに知っていたということだ。秘密の定義には当てはまりようのない情報なのだ。

それは、件の記者会見があった八月二五日から二週間ほど遡る。

大学設置・学校法人審議会がこの判断を固めたのは八月九日だった。審議会は原則としてメンバーも日程も非公開で行われるため、どんな審議をしたのかはすぐにはわからない。報道各社はその情報を入手した時点でそれぞれが五月雨式に報じていった。

例えば、

▽朝日「新設判断保留へ　文科省審議会が方針」（八月一〇日朝刊）

▽読売「文科省審議会　『加計』新設　判断を保留　獣医学部　可否の答申延期」（八月一〇日朝刊）

▽毎日「岡山・加計学園　獣医学部新設問題　新設の判断保留　答申、秋以降に延期　文科省設置審」（八月一〇日夕刊）

▽東京「『加計』認可　判断保留へ　獣医学部　設置審　答申は秋以降」（八月一〇日夕刊）

▽日経「学部新設の判断保留　設置審　文科相への答申延期　加計学園巡り」（八月一〇日夕刊）

▽産経「加計獣医学部の判断保留　設置審　文科相答申延期へ」（八月一一日朝刊）

——といった具合だ。

望月記者は、ＮＨＫのニュースを参考に質問したという。

ＮＨＫは「学校法人『加計学園』の来年四月の獣医学部新設について審査する文部科学省の審議会が、きょう開かれ、実習計画などが不十分で課題があるとして、認可の判断を保留する方針が決まり、今月末に予定されていた大臣への答申は延期される見通しとなりました」と九日に報じていた。

これらの報道に対して、文科省や官邸報道室が抗議したのかというと、それは行っていないらしい。

これだけの数の報道機関が報じている中で、上村報道室長が非難したように「未確定な事実や単なる推測に基づく質疑応答がなされ、国民に誤解を生じさせるような事態」に当時の国民は、本当に巻き込まれていたのだろうか。「判断保留へ」とマスコミがすでに報道しているのに、それらには抗議しないで、望月記者の質問だけを取り上げて抗議するのは理屈に合わないと言わざるをえない。しかし、このときは、東京新聞が官邸の申し入れを事実上、受け入れる形で決着したらしい。文書での回答はしなかったようだ。

特集記事「検証と見解／官邸側の本紙記者質問制限と申し入れ」には、東京新聞側が回答したという記述はない。

ただ、「認可保留」が、いわば既知の情報であったことなどを踏まえると、文科省や官邸の過剰抗議にも映るこうした態度は、〝望月記者に完敗したあの時の会見〟の意趣返しであるようにも思える。

■「望月さんがあそこまでガンガン……」

二〇一七年六月八日の質問だった。

望月記者は二日前の六日に続く二回目の出席となる菅官房長官の記者会見で、「総理のご意向」文書問題をぶつけた。

朝日新聞の「総理のご意向」報道は、五月一七日朝刊に掲載された記事で、この報道を受けた五月一七日午前の記者会見で、菅官房長官は、「あの文書がどういう文書かさえ、その作成日時だとか作成部局だとか、そういうのが明確になっていないのではないか。通常、役所の文書はそういう文書じゃないと思いますよ。誰が書いたか分からない。そんな意味不明なものについて、いちいち政府で答えるようなことはない」と全く相手にしなかった。

同日午後の会見ではさらに「怪文書みたいなものなのではないか。出所も明確になっていない」と朝日があたかも誤報したかのようにニュアンスを強めた。

文科省も五月一九日にはわずか半日の調査で「文書の存在を確認できない」と発表した。政府は国会での野党の再調査要求も突っぱねていた。

しかしその一方で、文科省の現役職員による、報道各社の取材に応じる形での内部告発も続き、五月二五日には前川喜平・前文科省事務次官が記者会見し、文書の存在を証言するという展開にまでなった。

「文部科学省において検討した結果、出所や入手経路が明らかにされていない文書については、その存否や内容などの確認の調査を行う必要がない。そのように判断した。現在においても状況には変わりがない」

菅官房長官は記者会見で同じ言葉を繰り返し、再調査については否定し続けた。こうした状況の中で、不毛とも言える膠着状態を打ち破ったのが、望月記者の六月八日午前の質問だったのである。

望月衣塑子記者　今や、前川さん（前事務次官）だけでなく、複数の方からの告発が報道等でいっぱい出ております。このことについてもう一度、真摯にお考えになって、文書の公開、第三者による調査というのは、お考えじゃないですか

菅義偉官房長官　あのー、そこについてはですね、我が国は法治国家ですからその法律に基づいて適切に対応している。こういうふうに思います。

望月記者　出所不明を繰り返されてますけれど現役職員の方がですね、自分の身の危険を冒してもいま、告発に出ていると思うんですが。しかも複数です。で、これをもしどなたかが、実名での告発に踏み切った場合、適正な処理をしていただけますか。その方の公益通報者保護制度の精神に基づいて、きちんと保護された上で、その実名の方の意見というのを聞き入れていただけるんでしょうか

菅官房長官　あの、仮定のことについて答えることは控えたいと思います。いずれにしろ、文部科学省でそこは判断する。こういうふうに思います。

こうした堂々巡りの質疑が延々と続き、司会進行役の上村報道室長が「同趣旨の質問はお控えいただけるようお願い致します」「同趣旨の質問を繰り返し行うのは、やめて頂きたいと思いますので、お願いします」と二回続けて注意をした。これに対して望月記者がその場で返したのが、後に広く知られることになった言葉だった。

「きちんとした回答をいただけているとは思わないので、繰り返し聞いています」

望月記者が菅官房長官にぶつけたこのときの質問は、一人で二三回（全体では三四回）を数え、時間は四〇分に及んだ。

望月記者は官房長官の記者会見に参加した理由について「これほど多くの証拠や証言が出てきているのにもかかわらず、再調査しない政府の説明は、納得がいくものではありませんでした。官房長官の会見も淡々とした質問ばかりで、問題の本質に切り込む質問はなく、官邸の内と外の温度差はあまりに大きかったのです。それならと国民の疑問や怒りを自分で直接ぶつけようと思いました」と明かしている。

このときの官房長官会見は望月記者に続き、ジャパンタイムズの吉田玲滋記者も「ＦＮＮ、テレ朝、ＮＨＫ、朝日、文春は現職の文科省職員の証言を引いて、文書があったと報道している。これらはすべてウソだと、信用できないという考えか」などと追及に加わり、その様子はテレビでも大きく取り上げられた。

六月八日夜、テレビ朝日の「報道ステーション」は、この質疑の様子を国会審議が再開した共謀罪法案に続く二番手の扱いで約九分間にわたり取り上げた。ＴＢＳの「ＮＥＷＳ23」でも約四分間も放送した。二つの番組とも質問する複数の記者の名前を報じたわけではないが、視聴者の反響は大きかったようだ。舌鋒鋭い記者たちの追及を受けて当惑の表情を隠しきれなかった菅官房長官に多くの視聴者は、政府による隠蔽の臭いを感じ取ったのではないだろうか。

菅官房長官は一七年六月八日午後の会見後、いつもなら番記者と行うオフレコでの取材にも応じず、そのまま総理執務室に駆け込んでしまったというのだ。午後の記者会見では、日本テレビ記者も午前の望月記者らの質問を引き継ぐ形でただしている。「日本テレビの取材でも現職の文科省職員が存在を認めた。長官にとってまだ文書は怪文書という認識でよいか」。これに対しても菅官房長官は怪文書かどうかという認識は避けつつ「出所が不明のものであり、信憑性もよくわからない文書であった」と繰り返した。

このころから、再調査への流れができ始めたとされる。

翌六月九日、松野博一文科相は再調査に乗り出すことを表明した。松野文科相は一五日に再調査の結果、見つかった文書を公表した。そこには、「設置の時期については、今治市の区域指定時より『最短距離で規制改革』を前提としたプロセスを踏んでいる状況であり、これは総理のご意向だと聞いている」「平成三〇年四月開学を大前提に、逆算して最短のスケジュールを作成し、共有いただきたい。成田市ほど時間はかけられない。これは官邸の最高レベルが言っていること（むしろもっと激しいことを言っている）」など朝日新聞が報じた内容と同じ文言が記載されていた。

「六月八日の記者会見後に官邸の雰囲気は少し変わり始めたように思います」。望月記者はそう語った。

「総理のご意向」文書などの発見から二年後の二〇一九年六月一七日。前川喜平氏は、映画「新聞記者」の公開を記念し、東京で開かれたシンポジウムで当時を次のように振り返っていた。

「加計学園問題の文部科学省文書は、最初、文部科学省が『調べました。確認できませんでした』と言ったわけですよね。私はまだ文部科学省には良心が残っているな、と思ったわけですよね。もういっぺん、よく調べたらありました、と言う余地を残しているよなと思ったんです。それだけだったら、そのままになっていたと思うんです。望月さんがあそこまでガンガンガンガン突っ込んで、そのお陰で文部科学省文書というのは存在が確認されたのです」

記者の記者会見での質問が、真相の解明を阻む厚い壁に穴を開けたというわけだ。

望月記者の質問が注目を集めるきっかけとなった六月八日の記者会見だったが、その一方で一転して、政府は怪文書とされた文書の存在を認めざるを得ない状況に追い込まれた。文科省や官邸が、望月記者のミスを虎視眈々と待ち構えていたところに出たのが八月二五日の質問だったのではないか――。

そういう、うがった見方もできなくはない。

第２章

「政府側がドタキャンした」2018年1月16日

2019年（平成31年）2月20日（水曜日）

検証と見解／官邸側の本紙記者質問制限と申し入れ

「辺野古工事で赤土」は事実誤認か

国、投入土砂の検査せず

内閣広報官名など文書 17年から9件

「表現の自由」にまで矛先

1分半の質疑中 計7回遮られる

会見は国民のためにある

菅義偉官房長官会見での望月衣塑子記者の質問内容をめぐって首相官邸からあった９件の申し入れについての詳細を報告した東京新聞の特集記事「検証と見解／官邸側の本紙記者質問制限と申し入れ」（2019年２月20日朝刊）

■官邸「ドタキャンしてない」

望月記者　一昨年の一一月の時に国連人権委のデービッド・ケイさんが菅さんや高市総務相と面会をしたいという時も、政府側がドタキャンした（二〇一八年一月一六日）

官邸　政府側が「ドタキャン」した事実は全くない（二〇一八年一月一七日）

東京　ケイ氏の訪問調査が二〇一五年一二月に決まった後、日本側都合でキャンセルされている。菅官房長官と面会予定があったと受け取れる質問箇所は事実誤認だった（二〇一八年一月一八日）

◇　◇　◇

菅義偉官房長官の記者会見に絡んで、官邸報道室が、望月衣塑子記者の所属する東京新聞や、記者会見の主催者となっている内閣記者会に対して、抗議や問題意識の共有を求める申し入れを行った問題は、国会でも野党各党が取り上げた。

例えば、二〇一九年一一月の臨時国会の後半で急浮上した安倍晋三首相主催の「桜を見る会」の私物化疑惑を国会で最初に追及した田村智子氏（共産）は、同年三月二〇日の参院内閣委員会で「記者が自らの取材に基づいて、事実と確定されていない情報を基に事実を明らかにするために質問をぶつける。これは当然に行われることであり、国民の知る権利、報道の自由の原則からも当然のことだと思いますが、いかがですか」と質問している。

これに対して、菅官房長官は「私が問題と考えているのは、事実かどうか確認が取れていないことや明らかに事実でないことをあたかも事実であるかのように言及し、質問をし、それに起因するやり取りが行われてしまうということは、官房長官記者会見の本来の趣旨を損ないかねないという点であります」と答弁した。そして「実例を挙げさせてください。ちょうどいい機会ですから。例えば、昨年ですけれども、記者からの質問で、私が国連人権委員会特別報告者との面会を官房長官ドタキャンしたのは何でですか、一昨年と、こう言われたんです。それで調べてみたら、面会申し入れがなかったんです」と続けた（菅官房長官は「人権委員会」と表現しているが、これは「人権理事会」の誤りで、そのままインターネットの国会議事録に掲載されている）。

菅官房長官が「事実誤認だ」として筆頭にあげた望月記者のこの質問は、二〇一八年一月一六日にあった。望月記者が「ドタキャン」という表現を使用する前には関連する前置きの質問がある。少し長くなるが、まずはそこから見ていきたい。

望月記者が質問したのは、スイスのジュネーブに拠点を置く、国際NGO（非政府組織）の「核兵器廃絶国際キャンペーン」（ICAN）についてだった。

ICANは二〇一七年にノーベル平和賞を受賞。国連が一二二の国と地域の賛成多数で採択した「核兵器禁止条約」の制定に貢献したことが評価された。

これを受けて、ICANのベアトリス・フィン事務局長が長崎大学の招聘で翌一八年一月に唯一の被爆国である日本を訪問することになったが、その際に安倍首相はフィン事務局長が求めた表敬訪問を受け入れなかった。日本政府は、米中ロなど核保有国とともに核兵器禁止条約に参加せず、国際社会から厳しい目を向けられていた。

ICANは当時、約一〇〇カ国の約四七〇団体で構成され、日本からは七団体が参加（二〇二〇年二月現在は一〇三カ国、五四一団体で、このうち日本は一〇団体）。一七年一二月、ノルウェー・オスロでの授賞式で、被爆者として初めて演説したカナダ・トロント在住のサーロー節子さん（広島市出身）は、ICANの「顔」だ。そして、中心的な活動を担っている川崎哲・ピースボート共同代表は、国際運営委員を務めている。受賞は日本そして、日本人とも深い関係にあった。安倍首相は折しもエストニアやラトビア、ルーマニアなど欧州六カ国を訪問中（一八年一月一二日～一月一七日）で、一八日は午前中から日豪首脳会談に関連した予定があった。一二日に来日して一八日に離日するスケジュールを組んでいたフィン事務局長との面会の要請を、日本政府は「日程上の理由」（菅官房長官）として断ったのだ。安倍首相の外遊は好都合だったに違いない。

川崎氏によると、フィン事務局長と安倍首相との面会調整は、ＩＣＡＮの国際運営団体であるピースボートが担当した。フィン事務局長の表敬訪問については、二〇一七年一二月二二日に官邸に連絡したところ、内閣総務官室宛てに書簡を送るよう指示があり、一月一六、一七日のいずれかを希望日として書き留めで送付した。

翌一八年一月六日に外務省軍備管理軍縮課から「外務省の所掌ではないが、首相は日程の都合がつかず会えないそうだ」と電話で知らされた。ＩＣＡＮ側は同課とは核軍縮政策をめぐって日頃からやりとりをしていた。離日当日の一八日午前の面会を求める書簡を再度、総務官室に送付したが、これも外務省から「外遊があるかないかということにかかわりなく、日程の都合がつかないので会えないということだ」と電話連絡があった。結局、内閣総務官室からの正式な連絡はなかった、という。

一方、サーローさんも二〇一八年末に来日することになった。フィン事務局長の来日の経緯を踏まえ、サーローさんの安倍首相との面会調整については早めに取りかかった。政府に対する要請は二カ月ほどの余裕をもって一〇月三日に文書で行った。今度は外務省軍備管理軍縮課が窓口になった。しかし、一一月二九日に届いた最終回答は「首相ではなく西村康稔官房副長官が対応する」という内容だった。なぜ首相に会えないのか、ということについての明快な説明はなかった、という。

安倍首相との面会を求めたが、実現しなかった。菅官房長官は同年一二月六日の記者会見で時事通信記者からの質問に対して、ICANのフィン事務局長のときと同様、「日程の都合上によるもの」と説明した。

安倍首相に代わって西村官房副長官がこの日の面会に応じた。同じ一二月六日、安倍首相は何をしていたのか。安倍首相が国会審議に出席した後に官邸で会っていたのは、米ツイッター社のジャック・ドーシー最高経営責任者（CEO）だった。安倍首相は、同社のトレードマークである青い鳥をプリントしたTシャツを贈られ、自分のツイッターに「これからもSNSを活用した情報発信をどんどん行っていきたい」と投稿していた。

安倍首相がノーベル賞に関心がないというわけではないだろう。

ノーベル賞は通常、毎年一〇月に入ると分野ごとに断続的に発表されるが、安倍首相は、過去の日本人の受賞者とはすぐに面会したり、受賞の報に接すると、自ら直接電話して祝福したりしている。新聞記事で確認したところ、安倍首相が最も早く面会したノーベル賞受賞者は、民主党政権だった二〇一二年に受賞した山中伸弥氏だった。第二次安倍政権が発足してから約一カ月後の一三年一月二九日に首相官邸で面会した。

その後も受賞者との面会は続く。一四年受賞の天野浩、中村修二の両氏とはそれぞれ同年一〇月二三日、一一月六日。一五年に受賞した大村智と梶田隆章の両氏とは同年一〇月二九日に一緒に会った。一六年受賞の大隅良典氏とは同年一〇月三一日だった。いずれも首相官邸での面会で、一八年の本庶佑氏とは同年一〇月七日に京都市であった国際会議の朝食会に同席したのだった。そして、一九年の吉野彰氏とも一〇月九日の受賞発表後の翌一一月一一日に首相官邸で面会している。

山中氏を除いては、いずれも受賞決定のニュースからそう日を置いているわけではない。

ノーベル平和賞に至っては、トランプ米大統領が一九年二月のホワイトハウスでの記者会見で、安倍首相から「日本を代表し、敬意を込めてあなたを推薦した」という手紙を受け取ったことを明らかにしているほど安倍首相は、関心を寄せているのだ。

しかし、安倍首相はICANの受賞には当時、何のメッセージも送らなかったばかりか、その後もICAN側に祝意を寄せたことはないという。このことからも、安倍首相が政府の政策と異なる団体へのノーベル平和賞受賞を苦々しく思っていた様子がうかがえる。

二〇一八年一月一六日、望月記者が菅官房長官にぶつけたフィン事務局長と首相との面会に関する質問は次のような内容だった。

「核なき平和を互いに前進させるためにも予定を変えて（安倍首相が）会うということを検討しないのか。首相が会えない場合、ナンバー2である菅さんご自身がＩＣＡＮの事務局長と会うことは検討していないのか、お聞かせください」

これに対して、菅官房長官は「まず私はナンバー2ではありません。いずれにしろ、この件については昨日（一五日）も質問があって昨日答えた通りです」としか答えなかった。

一五日、菅官房長官は、共同通信記者の質問に対して「外務省から日程の都合上（面会は）できないという旨回答をした。それ以上でもそれ以下でもない」と答えていた。

それ以上でもそれ以下でもない――。これは、菅官房長官が、記者の質問の狙いに政府批判を嗅ぎつけたときに発するお決まりの言葉だ。安倍首相は嫌いだから会わないということではなく、ただ日程の都合だと強調したいのだろう。しかし、この言葉は、サーローさんのときの説明（一二月六日の記者会見）にはなかった。

「フィン事務局長が首相と面会できなかったのは、年末年始を挟んだ時期の要請で外遊とも重なり、仕方ない面はあったと思います。しかし、サーローさんと首相との面会については、かなり前から正式に要請していたにもかかわらず実現できず、残念でした。各国の政府を代表する人を表敬し核兵器廃絶に向けた要請を行うことは、ノーベル平和賞を受賞した団体の責務だと思っています。ＩＣＡＮとして、安倍首相への表敬訪問はいつか実現したいと思います」。川崎氏はそう語った。

ようやく本題にたどり着いた。首相官邸が問題視した望月記者の質問の「ドタキャン」という表現は、フィン事務局長による表敬訪問に続いて尋ねた中にあった。

「一昨年（正しくは二〇一五年）の一一月の時ですね。国連人権委のデービッド・ケイさん、特別報告者が菅さんや高市総務大臣とご面会したいという時も、政府側がドタキャンをしたという経緯がございました。こういうことを踏まえまして、国際的に高く評価されている方々と政府の要職にある方々がきっちり会ってお話をし、世界にメッセージを発信していくことの必要性というのはどの程度、政府は真剣に考えているんでしょうか」

この質問に対して、菅官房長官は不快感を隠さなかった。

「まず、ドタキャンなんかしてません。事実に基づいて質問してください。以上です」

菅官房長官はそれだけ言うと、さっさと記者会見場から去ってしまった。つまり、肝心の質問に対しては何も答えなかったのだ。

■「事実に基づかない質問が行われ……」

デービッド・ケイ氏は、米カリフォルニア大学教授で、国連人権理事会から任命された特別報告者だ。人権理事会に対して各国の人権状況を調査し、報告する役割がある。

日本は表現の自由の状況について初めて調査を受けることになり、ケイ氏は外務省の招待という形で二〇一五年一二月一日〜八日の日程で来日して調査するはずだった。国連自由権規約委員会やケイ氏の前任であるフランク・ラ・ルー氏（グアテマラ）が懸念を表明した特定秘密保護法（一三年一二月成立、一四年一二月施行）をはじめ、インターネット上の権利、メディアによる取材・報道の自由、知る権利などに関して官民の関係者から聞き取る予定だったという。

ところが一一月に入って異例の事態が発生した。アムネスティ・インターナショナル日本など国内の九つのＮＧＯが岸田文雄外務相宛に提出した「表現の自由特別報告者の日本調査の中止に関するＮＧＯ共同要請書」（二〇一五年一一月二五日）によると、ケイ氏は、一一月一三日、ジュネーブの日本政府代表部から突然、メールを受け取った。次のような内容だったという。

「関係する政府関係者へのミーティングがアレンジできないため、訪問は実施できない」――。翌二〇一六年の秋以降で再調整するというのである。

外務省は二〇一五年一〇月二一日の時点でケイ氏を一二月に招待することをケイ氏本人にも通知していた。一一月一三日の延期の通告に対して、ケイ氏は「日本政府に対して再度予定されていた日程での調査の実現を求めたが、一一月一七日、日本政府の対応に変化が見られないためキャンセルを受け入れ」た、と日本の関係者に連絡したという。

「政府関係者との調整を理由にこれを延期することは極めて異例のことであり、二度と繰り返されてはならない」。そう指摘した共同要請書に名前を連ねた、秘密保護法対策弁護団の海渡雄一弁護士らは一一月二五日に外務省人権人道課長と面会し、二〇一六年前半の早期訪問の実現を要請したという。

海渡弁護士によると、ケイ氏は同じ二〇一五年三月に来日し、自ら外務省に赴き来日調査を強く要請していた経緯があるという。一二月の訪日が正式に決まった一〇月二一日の翌二二日、ケイ氏は、国連人権理事会で演説し、調査の実現を「うれしい」と表明したという。そして、訪日予定日のわずか二週間前のキャンセルである。

「外務省からの連絡を受けてケイ氏が国連演説までしている中で、外務省自身が訪日調査の延期を言い出すはずがありません。私たちは当時、外務大臣よりもハイレベルの人物からの指示でドタキャンが決まったと受け止めていました。それは、人権人道課長との交渉での外務省側の態度や言葉のニュアンスからも外務省の外部からの圧力があったと思いました。それは安倍首相か菅官房長官だというのが私たちの見立てでした。私たちも日本政府によるドタキャンという認識で、言葉としても実際に使っていました」

海渡氏は当時の状況をそう語る。

実際に東京新聞（二〇一五年一一月二六日朝刊）は「国連調査早期実現を『表現の自由』延期でNGO」の記事の中で、アムネスティ・インターナショナル日本の川上園子氏の記者会見（二五日）の発言を「日本は北朝鮮などには特別報告者制度に協力するよう言っているのに、自分の国ではドタキャンするようでは外交の説得力に欠ける」と紹介している。

東京新聞一九年二月二〇日朝刊の特集記事「検証と見解／官邸側の本紙記者質問制限と申し入れ」でこの問題を取り上げた。

それによると、官邸は「ドタキャン」質問をめぐるだけでも、▽「政府側が『ドタキャン』した事実は全くない」（二〇一八年一月一七日）、▽「『ドタキャン』という表現は何を意味するのか」（一九日）、▽「ケイ氏の理解を得た上で新たな日程を調整した。『ドタキャンした』という根拠を示せ」（二五日）、▽「『ドタキャン』と表現されることは経緯を正確に反映していない」（三〇日）――と四回も東京新聞に対して回答を迫り、東京新聞側もこれに対して三回、返答したという。

特集記事に掲載された「本紙記者の質問に対する九件の官邸側申し入れと本紙回答」とのタイトルの表から、この「ドタキャン質問」の部分を抜粋する（わかりやすくするため一部に手を加えた）。

〔二〇一八年〕

一月一六日　**会見（望月記者）**「一昨年の一一月の時に国連人権委（ママ）のデービッド・ケイさんが菅さんや高市総務相と面会をしたいという時も、政府側がドタキャンした」

一月一七日　**官邸**　政府側が「ドタキャン」した事実は全くない

一月一八日　**本紙（臼田信行編集局長）**　ケイ氏の訪問調査が二〇一五年一二月に決まった後、日本側都合でキャンセルされている。菅官房長官と面会予定があったと受け取れる質問箇所は事実誤認だった

一月一九日　**官邸**「ドタキャン」という表現は何を意味するのか

一月二二日　**本紙**「政府がドタキャンした」と述べたのは、一昨年（二〇一六年）の訪問調査ではなく一五年のことだった。当時、国際NGOも「土壇場でキャンセルした」と批判した

一月二四日　**官邸**　ケイ氏の理解を得た上で新たな日程を調整した。「ドタキャンした」という根拠を示せ

一月二六日　**本紙**　一五年一二月一日からの訪問調査日程が一一月中旬にキャンセルさ

れたことを「ドタキャン」と表現するのは許容範囲

一月三〇日　**官邸**　「ドタキャン」と表現されることは経緯を正確に反映していない

東京は「毎日新聞、共同通信も『日本政府の要請で突然延期になった』と報じていた」と他の新聞・通信社の報道にも触れた。

調べてみると、毎日は一二月四日朝刊社説「国連調査先送り　政府の対応は不可解だ」の中で「日本における表現の自由の現状について今月中に予定されていた国連の調査が、日本政府の要請で突然、延期された」と言及していた。共同が配信し、東京一五年一一月二〇日朝刊に掲載された「表現の自由　国連調査　政府要請で急きょ延期」の記事では、「日本での現地調査が、日本政府の突然の要請で延期されていたことがわかった」と表現されている。

東京の特集記事では触れられていないが、朝日新聞も一五年一二月一二日朝刊社説「秘密法一年　疑惑はぬぐいきれない」で「来日調査が政府の直前の要請で延期されたうえ、事実上、来年秋以降への先送りを政府が提示していたことも判明した」と指摘していた。

東京新聞の臼井信行編集局長は「官房長官の面会予定があったと受け取れる箇所など、一部で事実誤認があった」と誤りを認めたが、「『政府側がドタキャンした』という表現は論評の範囲内だと考える」と回答したという。

「ドタキャン」質問に菅官房長官は相当、腹に据えかねたのだろう。

菅官房長官は二〇一九年二月一二日の衆院予算委員会で奥野総一郎氏（国民）の質問に対して次のように怒りをぶちまけている。

「事実に基づかない質問が行われ、これに起因するやりとりが行われる場合は、内外の幅広い視聴者に誤った事実認識を拡散されるおそれがあると思っています。私が国連人権委員会（人権理事会・筆者注）の特別報告者からの面会依頼をドタキャンしたと。なぜドタキャンしたと言われたんです。それは私、記憶がなかったものですから、調べたら（特別報告者からの）面会依頼の事実がなかったんです」

菅官房長官は三月一日の衆院予算委員会（小川淳也氏・立憲民主）、三月八日の参院予算委員会（杉尾秀哉氏・立憲民主）、三月二〇日の参院内閣委員会（田村智子氏・共産）、三月二二日の参院予算委員（同）と計五回も同じように答弁している（先に記したように望月記者は菅官房長官がドタキャンした理由も尋ねていないし、また、日本政府としてのドタキャンの理由についても聞いていない。菅氏が国会で答弁した望月記者の質問内容の要約は、かなり不正確になっている。望月記者が、世界にメッセージを発信していくことの必要性への認識を問われながら、答えなかったことには触れなかった）。

これに対して、東京新聞は「検証と見解」のなかで「会見では菅氏も『ドタキャンなんかしていません』と即座に回答しており、記者の言いっ放しにはなっていない」と反論した。

菅官房長官は、日本政府を代表して方針や見解を述べる立場の人物である。自分自身に対しては面会の依頼がなかったからといって、「ドタキャン」に当たらないと何度も国会で言い通すのは、何故なのか。ここまで見てきたように、日本政府は外務省がケイ氏と約束した日程を日本側の都合で中止・延期を決め、しかもそれはケイ氏の意向を押し切るような経緯がありながら、「理解を得た」と豪語するのである。そうした日本政府の態度は国際社会にどう映るだろうか。

それにしても菅官房長官は、ＩＣＡＮのフィン事務局長との面会に関する質問で、望月記者が長官を「ナンバー２」と表現したことも即座に否定した。こっちは「事実誤認だ」と抗議しなくてもよいのだろうか。「ナンバー２は副総理の麻生太郎氏だ。訂正しろ！」とでも。

■「他のメディアにも（抗議文を）送るつもりか」

二〇一五年という年は、政府による取材や報道への露骨な介入が表面化した年だった。

一月は外務省から退避勧告が出ているシリアに渡航したジャーナリストの後藤健二氏（当時四七歳）と、軍事関連の会社を経営しているという湯川遙菜氏（同四二歳）の二人の日本人がイスラム国に拘束され、日本政府が解放と引き替えに二億ドルの身代金を要求される事態に陥った。イスラム国側は、安倍首相がカイロで表明した反イスラム国側への総額二億ドルに上る支援表明を理由にあげた。膠着した状態が続くなかで、二人は処刑されてしまった。

この直後の二月にシリア入りを目指した新潟市のフリーカメラマン、杉本祐一氏に対して、外務省は旅券法に基づくパスポートの返納命令を出した。同法が一九五一年にできてから初めてのことで、杉本氏は渡航を断念せざるを得なくなってしまった。外務省は邦人保護を理由にしたが、明らかにジャーナリストの活動を制約する行政処分だ。

経済産業省出身の古賀茂明氏は、原発再稼働や武器輸出に熱心な安倍政権に批判的な人物として知られる。第12章でも触れるが、テレビ朝日の看板番組「報道ステーション」のゲストコメンテーターを三月で降板したが、古賀氏は最後の番組出演（三月二七日）でその背景には、菅官房長官らによる官邸からテレビ朝日へ圧力があったことを示唆した（菅官房長官は同三〇日の記者会見で「まったく事実無根」と否定した）。

四月には自民党の情報通信戦略調査会（川崎二郎会長）が、「クローズアップ現代」などで取り上げられた「出家詐欺問題」の放送で過剰演出が問題とされたＮＨＫと、古賀氏の発言問題でテレ朝の幹部を呼んで事情聴取した。同じ月には高市早苗総務相がＮＨＫに厳重注意（行政指導）した。民主党政権下ではなかった放送局への行政指導の復活である。

安倍首相に近い自民党の若手議員が中心となって、九月の自民党総裁選をにらんで設立したとされる「文化芸術懇談会」では、議員の間からマスコミへ広告を出さないよう財界に働きかけるべきだという声が相次いだ。「安倍首相」の再登板を応援した作家の百田尚樹氏が「沖縄の二つの新聞は潰さないといけない」と発言して問題化したのもこの懇談会での講演だった。百田氏は二〇一三年一一月にNHK経営委員に就任したが、放送法が定める手続きを使って任命したのは安倍首相である（一五年二月に任期満了で退任）。

そして、集団的自衛権の行使を可能にする安全保障関連法の成立（九月）をはさみ、放送界ではNHKの「クローズアップ現代」の国谷裕子氏、TBS「NEWS23」の岸井成格氏、テレビ朝日「報道ステーション」の古舘伊知郎氏の三氏が翌一六年春に降板する流れになる。

こうした状況の中で、報道の自由への制約が懸念される特定秘密保護法に関心を寄せるデービッド・ケイ氏の来日を政府が「ドタキャン」したのは、二〇一六年七月の参院選への悪影響を避けるための配慮ではないかという報道もあった（ケイ氏の訪日調査は一六年四月に実施された）。

天皇の代替わりに伴って二〇一九年五月四日に行われた一般参賀。実はこの日が選ばれたのは、夏の参院選を視野に入れた官邸の戦略だったという記事を共同通信が五月四日に配信している。宮内庁は平成の代替わりにならって一〇月の即位関連儀式の後に一般参賀を行うことを計画していたが、官邸はこれを押し切ったのだという。

皇室さえ政治利用の対象にするような政権であれば、政府への厳しい報告内容が予想されるケイ氏は日本政府にとって、招かれざる客であり、日程をずらそうとする思惑があったのではないかという指摘は説得力がある。

実際にケイ氏は二〇一七年に国連人権理事会に提出した報告書のなかで、日本政府が放送への介入の根拠としてきた政治的公平などを定めた放送法四条の廃止や、特定秘密保護法の罰則適用に例外規定を設けるなど一一項目の履行を勧告した。さらに、一九年に改めて日本政府は多くの項目を未履行だとする報告書を提出するなど警鐘を鳴らし続けている。

一二月は予算編成で役人が忙しいという事情を考慮したとしても毎年のことである。まして二〇一五年は、臨時国会が召集されなかったのだから、例年ほどではあるまい。本当に調整がつかなかったのだろうか。

「今回の決定（ケイ氏の訪日調査の延期）は、日本政府の国際人権基準を軽視する姿勢の表れと国際社会から受け止められ、結果として、日本は国内の人権問題を改善する意思が欠如しているとみなされる可能性がある」

九つのＮＧＯによる共同要請書は外務省にそう警告した。

菅官房長官が望月記者のドタキャン質問に異様なこだわりを見せるのは、国連人権理事会から実は当時、厳しい指摘が日本政府に寄せられていたことから国民の目をそらそうとしているためではないか。望月記者の質問ミスによって菅官房長官はむしろ、助けられたのではないのか――。

ドタキャン質問はそうした、いろんなうがった見方ができてしまう。

そして図らずも、ノーベル平和賞の受賞者だろうが、国連からの特別報告者だろうが、面会を拒んだり、ドタキャンしたりすることをいとわない官邸の態度が浮かび上がったのである。

最後に二〇一九年に再燃したドタキャン問題を取り上げたい。一九年二月二六日午前の記者会見で、望月記者は菅官房長官に対して、上村秀紀報道室長による「簡潔に」と質問を遮るような妨害行為について「政府にとってマイナスと考えていないのか」と尋ねたところ、回答は「妨害していることはありえない」と全面否定だった。

これに関連した再質問のなかで望月記者は「妨害でないということ自体が事実誤認ではないか」としたうえで、「官邸からの我が社への抗議文にありましたデービッド・ケイ氏との面談を直前に断り一年延期したことをドタキャン、入管法の強行採決など政府が主張している事実と取材している側の事実認識が違うことがあって当然だ。政府のいう事実こそが事実なんだという認識で我が社だけでなく、他のメディアにも（抗議文を）送るつもりか」とただした。これに対して菅官房長官は次のように答えている。

〈（申し入れたのは）事実と違う発言をした社のみであります。今の発言でもありますけれども、「一年前」という発言でしたけれども実際は二年前の話だったのではないでしょうか〉

既に見たように望月記者は一八年一月に菅官房長官にした質問のなかで一五年一一月にあった出来事を「一昨年」と確かに言い間違えている。しかし、望月記者は「一年延期」とは言ったが、菅官房長官が指摘したような「一年前」という表現を使っていない。しかも、政府は当初一年延期を示唆していたわけで、望月記者の質問が誤りとは言えない。菅官房長官自身こそ望月記者の質問内容を取り違えている。

一方、望月記者はケイ氏の訪日は二〇一六年四月なので延期が一年というのも正確ではない。一九年二月の段階で表現するとすれば、四カ月と言った方が揚げ足を取られないためには〝無難〟だったかもしれない。

菅官房長官が事実誤認だとして東京新聞に改めて申し入れた形跡はないが。

第３章

「安倍首相は記事修正後も朝日批判」2018 年３月１日

14年提示」財務局に

籠池氏との主なやりとり

森友の設置趣意書を開示
小学校名は「開成小学校」
財務省

続き一転見直し

題受け売却厳格化

「再検証ない」

「安倍晋三記念小学校と表記をしていましたね」。籠池泰典氏のインタビューを掲載する朝日新聞の 2017 年５月９日朝刊の記事（右）と、校名は「開成小学校」だったと報じた同年 11 月 25 日朝刊の記事（左）

■官邸「誤りを認めた記事書かれてない」

望月記者　（開成小学校だったと）朝日新聞が修正記事を出した後も首相が批判を続けている（二〇一八年三月一日）

官邸　朝日新聞が誤りを認め、記事の内容を正した記事は書かれていない（二〇一八年三月二日）

東京　朝日新聞の一七年五月の記事は学園前理事長の証言として名称を「安倍晋三記念小学校」としていたが、一七年一一月の記事で「開成小学校」と修正している（二〇一八年三月六日）

◇◇◇

「朝日新聞が誤りを認め、記事の内容を正した記事は書かれていない」――。

東京新聞が二〇一九年二月二〇日朝刊に掲載した特集記事「検証と見解／官邸側の本紙記者質問制限と申し入れ」によると、同紙がそう記された文書を首相官邸から受け取った三件目の申し入れがあったのは、二〇一八年三月二日だったという。

前日（一日）午後の菅官房長官の記者会見。望月記者は、学校法人・森友学園（大阪市淀川区）の問題に関する朝日報道を批判する安倍晋三首相の国会答弁について質問をぶつけていた。

＜首相の国会での答弁についてお聞きします。去年（二〇一七年）一一月に財務省の情報開示によって籠池前理事長がつくる学校が安倍記念小学校でなく、開成小学校であることがわかりました。これについて報道していた朝日新聞が修正記事（筆者注・二〇一七年一一月二五日朝刊）を出しております。しかしながら、この報道が出ているにもかかわらず、一月、二月と計五回ですね、予算委員会の場で「間違いだ」とか、「裏取りがない」などと再三、安倍首相が発言されました。首相が国会の場で修正記事が出ているにもかかわらず、このように名指ししてですね、一社の批判を続けるのはかなり異例だと思うのですが、政府としてこの安倍首相の国会答弁に問題がないというお考えでしょうか＞

これに対して、菅官房長官は「政府として答える話じゃないですけれども」としたうえで、

「総理の言われた通りだと思います」と首相答弁の内容を支持しながら、朝日批判を繰り返す安倍首相の答弁姿勢の是非については言及しなかった。

望月記者は「(菅官房長官が) 言われたとおりですけれども修正しているにもかかわらず、再三にわたって批判を続けることの問題をもう一度、政府に考えて頂きたいと思います」と注文を付けたのだった。

望月記者の質問の背景にある出来事をさかのぼってみていきたい。

■「森友学園」問題の再燃

「森友学園」問題は二〇一七年一〇月の衆院選で自民党が圧勝し、同年一一月には、会計検査院が大阪府豊中市の国有地売却をめぐって値引きの根拠となったごみ推計量について「十分な根拠が確認できない」とする検査結果をまとめたことで政治的には幕引きムードが漂っていた。

しかし、年が明けると、二〇一八年の通常国会(一月二二日召集)での再燃を予感させる報道が開会直前に出た。

毎日新聞は一月二〇日朝刊で、財務省近畿財務局が森友学園との交渉について役所内部で検討した詳細な文書が存在することをスクープした。毎日からの「学園との面談・交渉に関する文書」として情報公開法に基づく請求に対して近畿財務局が開示したもので、近畿財務局が二〇一六年三月~五月に作成した「照会票」と「相談記録」だ。

そこには、森友学園側が小学校建設のために借りていた国有地から廃棄物が出たことで、安値での買い取りを近畿財務局に持ちかけていたことなどが記されていたのである。

毎日が開示を受けたこれらの文書は会計検査院にさえ提出が遅れ、二〇一七年一一月二三日の国会への検査報告の前日だったという。この後、財務省は五月雨式に関係する文書を開示していくのである。

公文書だけでなく売却額を巡って森友学園側と近畿財務局職員が交わした会話の音声データの存在も明らかになっている。池田靖近畿財務局統括国有財産管理官(当時)が「一億三〇〇〇万円」と言及していたり、森友学園側は「ゼロに近い形で払い下げを」と求めていた。一八年の国会で共産党は独自に入手したという別の音声データを元に「森友学園側は『一億五〇〇〇万円かかる分、航空局からもらって、それより低い金額で買いたい』と発言している」などと追及した。

財務省は、それまで交渉経緯を記載した文書はすでに廃棄し、価格交渉もしていないと答弁しており、文書や音声データの内容が事実だとすれば、財務省は虚偽の国会答弁をしていたことになる。佐川宣寿・財務省理財局長（当時）は、売却交渉の経緯を示す文書についてては「廃棄した」とし、金額のやりとりについても「（価格について）こちらから提示したことも、先方からいくらで買いたいといった希望があったこともない」と国会で答弁を繰り返していたからである。

一連の文書について、麻生太郎財務相は「法的な論点について近畿財務局内で検討を行った法律相談の文書でありまして、いわゆる森友学園との交渉記録ではありません。（佐川氏の）虚偽答弁との指摘は当たらない」とし、太田充理財局長（同）は、音声データの内容を「買受け希望の金額を承るということはない」と答弁したのだった。虚偽答弁とは決して認めなかった。

そもそもなぜ、財務省は自ら窮地に追い込まれかねないような文書の開示に踏み切ったのだろうか。

森友学園の取材にかかわったある全国紙の記者が筆者にしてくれた解説がもっとも説得力があるように思えた。当時、財務省は市民からの告発を受けた大阪地検の捜査対象で、たくさんの資料を提出していた。財務省が隠しておきたかった文書が手を離れてしまった以上、裁判にでもなれば、いずれ公になることも予測される。「財務省にとって佐川氏との国会答弁と整合性が取れそうなダメージの少ないものだけを開示したのだと思う」。国会での追及は織り込み済みだというわけで、安倍首相の朝日批判もその戦略の一つだというのである。

この点は最後に改めて考えてみたい。話を元に戻す。

■首相、国会で朝日批判繰り返す

「『安倍晋三記念小学校』との名で申請したと朝日新聞は報じ、民進党も、それを前提に国会で質問した。実際には『開成小学校』だった。裏付けを取らず、事実ではない報道をした」

安倍首相は国会での野党の追及に正面から応えず、代わって持ち出したのが朝日新聞批判だった。それは、望月記者が質問した二〇一八年三月一日までに▽一月二九日衆院予算委員会▽一月三一日参院予算委員会▽二月一日参院予算委員会▽二月五日衆院予算委員会▽二月一三日衆院予算委員会——の五回にも上った。例えば、次のようにだ。

〈私は自分の名前を冠した学校をつくるというつもりはございませんので、はっきりとお断りをしていました。

そこで、これ朝日新聞の報道でございますが、籠池さんは安倍晋三記念小学校という名前で申請をしたと、こう言ったわけでありまして、事実かのごとくこれ報道されてありました。この国会においても民進党の方がそれを事実と前提に私に質問をし、だから忖度されたんだろうということであったわけでありますが、実際は開成小学校という名前でございました。ご本人（籠池氏）は当然、原本のコピーは当然持っておられるはずでありますから、（朝日新聞は）それに当たるべきであった。また、当然、だから恐らくご本人はそうではないことを知っていてそうおっしゃったんだろうと。朝日新聞の方も裏を取らずに事実かのごとくに報道したということは間違いないんだろうということでございます。（二月三一日）＞

＜安倍晋三記念小学校という、これは全く違ったわけであります。しかし、これを訂正もしていないわけでありますから、まさに国民の間にそういう安倍晋三記念小学校だったということが浸透している。しかし、実際は開成小学校だった。

そして、（朝日新聞は後述する）検証記事を書いた。検証記事を書いたにもかかわらず、これは籠池さんが言ったから、それはそのまま書いたということしか書いていない。自分たちが記者として最低限果たすべき裏づけをとらなかったということについては全く言及がないということについては、これで私はあきれたわけであります（二月一三日）＞

安倍首相の批判の矢面に立たされた朝日新聞は、二〇一八年二月六日朝刊で「朝日新聞の報道経緯は」という検証記事を掲載し、批判に答えている。二〇一七年五月九日朝刊での報道当時、財務省は森友学園が近畿財務局に提出した設置趣意書を非公開扱いし、説明も拒んだため、籠池氏に独自に確認して、「証言した」という形で報じたという経緯を明かした。

望月記者の指摘に対して、菅官房長官がもう一度考えた結果が、東京新聞への抗議の申し入れというのだから穏やかではない。

安倍首相と朝日新聞の間でいったい何が起こったのだろうか。

そもそも「森友学園」問題は、朝日新聞が二〇一七年二月九日朝刊で報じた「金額非公表近隣の一割か　大阪の国有地　学校法人に売却」（東京本社版では第二社会面で三段見出しの地味な扱いだった）との記事をきっかけに浮上した。

その焦点の一つは、安倍首相の妻・昭恵氏が二〇一七年年四月の開校を目指した「瑞穂の國記念小學院」の名誉校長に就任していたり、寄付金集めのための「払込取扱票」の通信欄に「安倍晋三記念小学校」と印刷してあったりすることが発覚するなど、安倍首相側との距離を縮めようとする森友学園の要望に沿う形で八億二〇〇〇万円（評価額は九億五六〇〇万円）もの値引きをした大阪府豊中市の国有地売却をめぐる安倍首相側の関与だった。

「私や妻が関係していたということになれば、まさにこれはもう私は、それはもう間違いなく総理大臣も国会議員もやめるということははっきりと申し上げておきたい。全く関係ないということは申し上げておきたいと思います」

安倍首相は二〇一七年二月一七日の衆院予算委員会でそう豪語したのだから自ら政治問題に引き上げたようなものだった。

安倍首相側と森友学園との深いつながりを示す傍証の一つとして疑われたのが、森友学園が近畿財務局に提出した設置趣旨書に記載された学校名だった。ところが財務省は当初、この校名や本文の部分を黒塗りにして、非公開扱いとし、国会議員の開示請求に対しても明かさなかった。

この疑惑を国会で取り上げたのが、民進党の福島伸享氏（二〇一七年一〇月の衆院選で落選）で、二〇一七年五月八日の衆院予算委員会で追及したのだった。

＜平成二五年（二〇一三年）九月二日に森友学園から近畿財務局に出された取得等要望書。財務省に出してもらったんですけれども真っ黒、黒塗り。籠池さんはもう、民事再生までやって、学校設置の認可も取り消されて、失うものは何もないんですよ。（森友学園側は）学校設置の認可が取り消されたわけですから、秘密に当たらないですから開示していいですよという承認ももらって、財務省にもそのことを伝えております。設置趣意書の黒塗りのところ、一体これはどう書いてあったんでしょうか〉

ところが、佐川宣寿・財務省理財局長の答弁はゼロ回答だった。次の三点を理由にあげた。

① 学校法人として存続していることを踏まえれば、当該情報は不開示情報に該当すると考えられる

② 民事再生手続が開始されている。法令上、業務の遂行並びに財産の管理及び処分をする権利は管財人に専属している

③ 仮に開示する場合でも、改めて財務省から先方に確認の上、対応していく必要がある

福島氏は、この日、国会で傍聴している籠池泰典・前理事長の開示の同意書も得るなど周到な準備をした上で臨んだ質問だった。佐川局長の答弁には納得するはずもない。

福島氏は「何で設立趣意書の趣意の部分が開示できないんですか。何で設立趣意書のタイトルすら開示できないんですか。ちゃんちゃらおかしいと思いますよ」と前置きしたうえでたたみかけた。

＜なぜそれを聞くかというと、これは何と書いてあったかというと、籠池前理事長の記憶では、安倍晋三記念小学院の設置趣意書だったからなんですよ。それを出したくないから黒塗りにしたんじゃないですか。そもそも、最初の設立趣意書がその名前だったからこそ、さまざまな忖度がなされ、特例措置が講じられることになったんじゃないですか＞

一種の爆弾質問である。

これに対して、佐川理財局長は「タイトルを含めて一体としてこの学校の経営方針ということでございますので、不開示情報としている」と答弁して、開示の求めに応じなかった。当時、森友学園は約二八億円の負債を抱え経営は行き詰まっていた。大阪地裁は一七年四月二八日に、民事再生手続きの開始を決定し、森友学園は確かに管財人の管理下にあった。しかし、佐川氏による答弁は、かえって福島氏の疑念を深めさせた。福島氏は「まさに安倍晋三という名前がこの特例を得るためのノウハウになっているから示せないということを言っているだけじゃないですか。何でそこまで忖度するんですか」と憤りをみせていた。

設置趣意書の表題に「安倍晋三記念小学院」との記載があるのが事実なら、大きなニュースである。

■「朝日新聞が修正記事を出しております」

朝日新聞は、翌五月九日付朝刊一面で、籠池泰典・前理事長に前夜（八日）に直接、インタビューし、その内容を一面（安倍昭恵氏の両脇に籠池夫妻が並んだ写真を掲載）と第二社会面で伝えた。

＜——近畿財務局に設立趣意書を提出する際にはどういう表記をしたのか
「安倍晋三記念小学校と表記をしていましたね」（第二社会面の「籠池氏との主なやりとり」から抜粋）＞

ただ、朝日記者も原本や写しの入手はできなかったようだ。記事は証言を元にしたもので、一面（見出し・「昭恵氏との写真14年提示」籠池氏、近畿財務局に）、第二社会面（同・財務省、「校名」黒塗り　録音「当日の会話」は認める）のいずれにも、見出しにはなっていなかった。一面記事の署名には、「南彰」とあった。籠池氏が当時、所持していた書類の中に設立趣意書の原本や写しはなかったらしい。

財務省は半年も経った二〇一七年一一月二二日になって立憲民主党、二四日に神戸市の大学教授らに黒塗りされていない趣意書の全文を開示したことで正しくは、開成小学校だったことが分かった。

籠池氏が朝日新聞記者にした証言は、真実ではなかった。朝日は一七年一一月二五日朝刊三面で「森友の設置趣意書を開示　小学校名は『開成小学校』財務省」と修正する記事を掲載し、「校名などが当初、黒塗りになっていたため、朝日新聞は籠池氏への取材に基づいて、籠池氏が『安倍晋三記念小学校』の校名を記した趣意書を財務省近畿財務局に出したと明らかにした、と五月九日付朝刊で報じた」と書いた。

望月記者が記者会見で「朝日新聞が修正記事を出しております」とした記事はこれを指す。安倍首相は、森友学園問題の追及を受けるたびに朝日の「誤報」を国会であげつらってはいるが、先に記した「払込取扱票」には、「安倍晋三記念小学校」と印刷されていただけでなく、一八年五月に財務省が公表した土地の売却に関する資料の中からは、森友学園側が一四年三月四日、小学校の認可申請先だった大阪府に対して校名を「安倍晋三記念小学校」と説明していたことを示す記載が見つかっている。

共同通信は一七年三月一日に「『安倍晋三小学校』に府側が難色　設置認可申請前、森友学園打診」という見出しで、「府私学課によると、二〇一三年ごろ、森友学園の籠池泰典理事長から『豊中市の国有地を取得して小学校を建てたい。安倍晋三記念小学校という校名を考えている』と認可申請の方法について問い合わせがあった」との記事を配信していた。

また、朝日の初報（一七年二月）後に野党が行ったヒアリングに対して、大阪府は森友学園側の構想に苦慮したことを明かしていたという。

こうした別の証拠からも籠池氏自身が「安倍晋三記念小学校」という校名に強いこだわりを抱いていたことははっきりしているし、財務省も認識していたことは、財務省の保有する一連の資料からも明らかだった。

財務省が二〇一八年五月二三日に公表した、同省保有の森友学園などとの交渉記録には、

△三月四日　府「（森友の計画書は）受理できるレベルではない。資金計画は非常に曖昧。小学校名『安倍晋三記念小学校』として進捗できるのか、取り扱いに苦慮」▽

との記載があった。

言ってみれば、設立趣意書には記載されていなかった――ということにすぎない。

森友学園は一七年四月二八日に民事再生手続きが決定し、業務の遂行や財産の管理、処分をする権利は管財人に専属することになった。安倍首相は「原本のコピーに当たるべきだった」と朝日記者に取材の〝アドバイス〟をわざわざしているが、そもそもは非公開とした政府の決定が問題なのではないか。

繰り返しになるが、朝日が一七年一一月二五日に修正する記事を掲載し、一八年二月六日には取材経緯も明かしたのである。東京新聞に申し入れた首相官邸の方こそ事実認識に誤りがあることは、もはやだれの目にも明らかだろう。

東京新聞は一八年三月六日、首相官邸に対して、「朝日新聞の一七年五月の記事は学園前理事長の証言として名称を『安倍晋三記念小学校』としていたが、一七年一一月の記事で『開成小学校』と修正している」とする回答を出したという。

首相官邸が東京新聞に申し入れた一八年三月二日は、奇しくも朝日新聞が朝刊で「森友文書　書き換えの疑い　財務省、問題発覚後か　交渉経緯など複数箇所」とする記事を一面トップで報道した日だった。政権を揺るがす大スクープのさなかで、安倍首相の威勢の良い朝日批判はどこかに行ってしまった。

このため、官邸は、安倍首相に教えてあげる機会を逸してしまったのだろうか。一年四カ月たった後も安倍首相は同じ批判を繰り返していた。

一九年七月三日、日本記者クラブ（東京・内幸町）であった参院選（四日公示・二一日投開票）を前にした、与野党の七党首による討論会。安倍首相（自民党総裁）は記者から「いわゆる森友学園、加計学園の問題というのは、もう終わったんだ、というふうに認識されていらっしゃいますか」と尋ねられた。

これに対して、「森友問題、加計問題については国会で相当長い間、議論を行いました。その結果ですね、私も妻も直接かかわっていたという証拠は何一つなかったのは事実でございます」などと述べ、正面からは答えなかった。記者が「国民は納得しているっていう前提でいま、お話されていますか」と重ねて質問した。これに対して、安倍首相が持ち出したのが、朝日新聞の報道だった。

安倍晋三首相　あのー、朝日新聞もですね。安倍晋三（記念）小学校があったという記事を書いたけれども訂正されてないじゃないですか。

記者　朝日新聞の報道を論じる場ではないと思うんですが。

安倍首相　いや、でもこの問題においてそれがずいぶん、いわば、まさに私が直接やったという証拠の一つとして議論がなされたのは事実なんですよ。自分たちが間違えたことは全く関係ありませんよ、という姿勢というのはおかしいと思いますよ。そのこともしっかりとですね、述べていただき、そのことを私はただ、みなさん（朝日新聞）にとって都合が悪いかもしれませんが、そのことも指摘させていただきながら、我々もそういう反省のうえに立ってですね、これからこうした疑いがもたれないように襟を正していきたいと、こう思っているところであります。

■ある成功体験が安倍首相の朝日バッシングの背景に

なぜ安倍首相はこれほどまでに朝日の報道にこだわり続けるか。そこには安倍首相らのある成功体験の影響があるのではないだろうか。

それは二〇一四年八月に朝日新聞が行った「慰安婦」をめぐる報道の一部記事の取り消しである。

朝日新聞は同年八月五日朝刊で、韓国の済州島で女性を強制連行して「慰安婦」にしたとする吉田清治氏（故人）の証言（吉田証言）を紹介した過去の記事を取り消した。この取り消しのもたらした影響は極めて大きかった。

愛知県名古屋市などで開かれた国際芸術祭「あいちトリエンナーレ2019」（一九年八月一日～一〇月一四日）の企画展の一つ、「表現の不自由展・その後」。「慰安婦」を象徴した「平和の少女像」の展示に異を唱えた河村たかし・名古屋市長は筆者の取材に対して「朝日新聞が記事を取り消したようにそもそも間違えとった可能性があるわけ。私も国会議員時代にワシントン・ポストに四〇人ぐらい名前連ねて、強制連行の証拠はないんだと（いう記事を載せた）」と口にした。

このように、吉田証言を朝日が取り消したというたった一点で、あたかも「慰安婦」に対する戦後補償の問題がそもそも存在しないかのような言説を信じる人がネットを通じて広がったことだ。

米ワシントン・ポスト紙に載った意見広告の内容については、吉見義明氏の「日本軍『慰安婦』制度とは何か」（岩波ブックレット）など研究者らから有力な反論がなされているので詳細はそちらに譲るが、安倍首相をはじめとするこうした歴史観に共鳴する人にとっては、朝日を狙い撃ちにした「慰安婦」報道攻撃は、大きな戦果を上げた成功体験だったに違いない。

一七年一〇月の衆院選（一〇日公示・二二日投開票）のさなかに『約束の日　安倍晋三試論』（幻冬舎）の著者・小川栄太郎氏による「徹底検証　『森友・加計事件』朝日新聞による戦後最大級の報道犯罪」（飛鳥新社）という安倍首相を援護射撃するような本も出版された。安倍晋三首相が代表の政治団体「晋和会」と「自民党山口県第4選挙区支部」が、『約束の日』を政治資金で大量に購入していたことは有名である。「徹底検証　『森友・加計事件』」の内容をめぐって、朝日新聞社は二〇一七年一二月、小川氏と出版元の飛鳥新社に五〇〇〇万円の損害賠償と謝罪広告の掲載を求める訴えを東京地裁に起こしている。

「安倍首相による朝日バッシングは、『吉田証言』をめぐる朝日の『慰安婦』報道批判と似ている。安倍首相は、籠池氏の証言を報じた朝日の報道が誤りだったことを強調し続けることで、森友学園問題そのものが実は存在しないのだという構図を演出し、国会を乗り切ろうとしたのではないか」。

ある朝日関係者はそう明かしていた。

「名指しで一社の批判を続けるのはかなり異例だと思う」

望月記者の質問からは、さまざまな安倍政権の思惑が浮かび上がってくるのである。

第４章

「会見削減を言いたいのか」2018 年 3 月 29 日

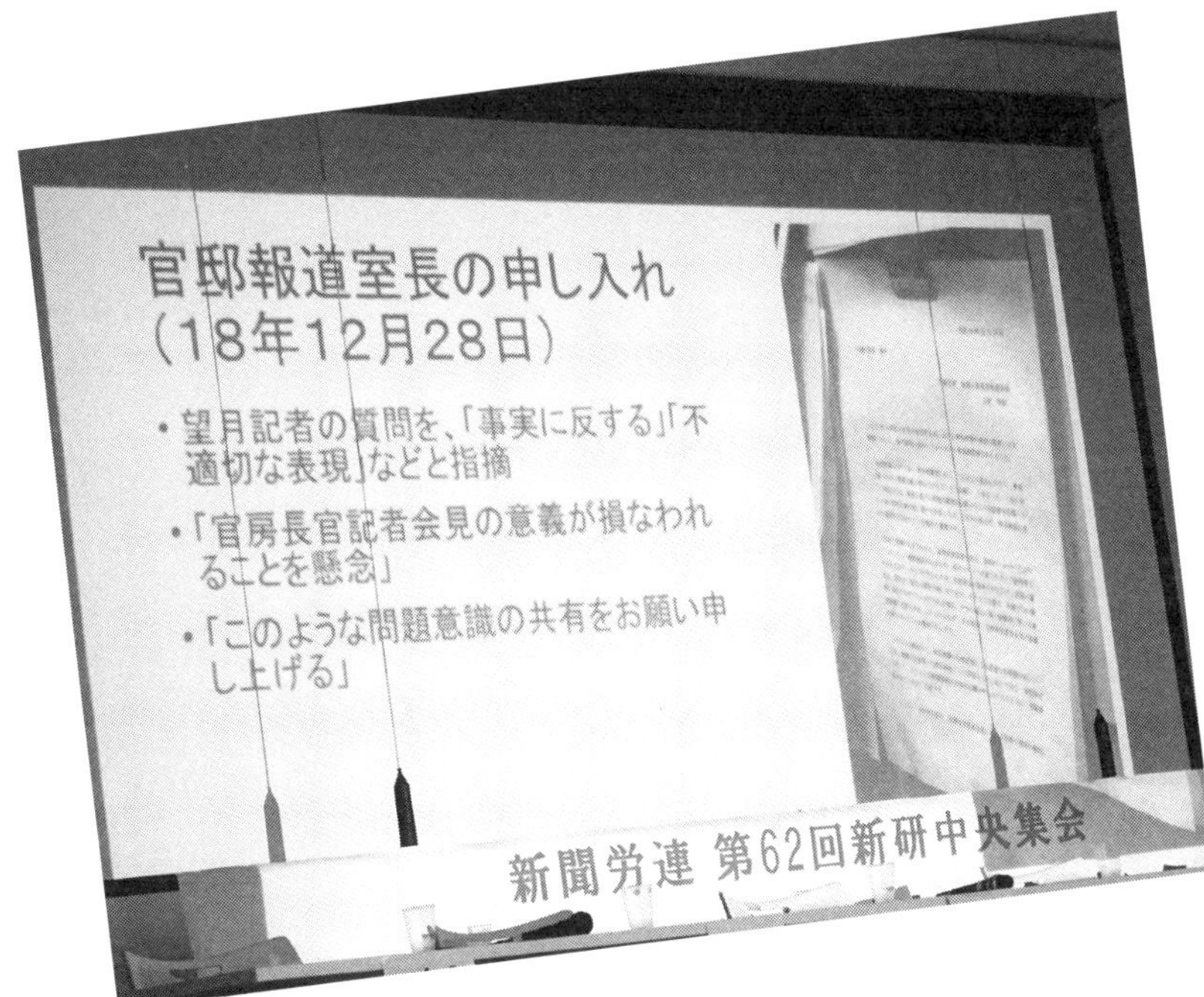

新聞労連が開いた第 62 回新研中央集会のテーマは「官邸会見の役割から考える〜ジャーナリズム、本音と建前〜」。望月衣塑子記者に対する質問妨害についても取り上げられた。上村秀紀・官邸報道室長が内閣記者会に「問題意識の共有」を求めた申し入れ文書が記者会の掲示板に貼られたままになっているという報告があった（右端）＝東京都文京区で 2019 年 6 月 22 日、筆者撮影

■官邸「質問でなく意見だ」

望月記者　官房長官というお立場での会見削減ということを言いたいのかなあと思うのですが（二〇一八年三月二九日）

官邸　質問でなく意見だ（同）

東京　質問の前提として記者の認識を示したもので「意見」に当たらない（二〇一八年四月二日）

◇　◇　◇

菅義偉官房長官の記者会見で、望月衣塑子・東京新聞記者からの質問について、首相官邸が同紙に申し入れた四件目は、それまでの抗議内容とは異なっていた。それは質問ではなく、「意見だ」と注文を付けてきたのだった。記者が自分の考えや見立てを交えながら質問することは決して珍しいわけではない。むしろ、日常的だ。

会見者は質問者の問題意識を抑えた上で、的確に述べるスキルが求められる。これは、権力者に対する記者の質問は、権力の行使をチェックするため、そして国民の知る権利に応えるために行われるのであり、また会見者側もそうした民主主義国家の原則ともいうべき関係を理解した上での説明が求められていることは、大前提であろう。

「質問でなく意見だ」

首相官邸がそう東京新聞に指摘してきたのは、二〇一八年三月二九日だったという。官邸はそれまで三回にわたって申し入れを行っていた。繰り返しになるが、最初は一七年九月一日で、望月記者が学校法人・加計学園の獣医学部新設について、文部科学省の審議会による認可保留の決定を報道解禁前に言及したことだった（第1章）。二回目は、国連人権理事会の特別報告者による訪日調査が日本政府側の都合で直前に延期になったことを「ドタキャン」と表現したことに対して、「ドタキャン」した事実は全くないと一八年一月一七日に抗議した（第2章）。

そして三回目は、一八年三月二日だった。学校法人・森友学園が開校を計画した小学校の名称を、「安倍晋三記念小学校」と設立趣意書に表記したと、籠池泰典・前理事長が朝日新聞の取材に対し証言したという記事について、のちに「開成小学校」だったことがわかった。朝日は修正する記事を出した、と望月記者が質問したことに対して、「記事の内容を正した記事は書かれていない」と申し入れた（第3章）。

このときまでは、事実の有無を争うものだったり、文科省と記者クラブとの約束事をめぐる問題だったが、四回目になって官邸は初めて、望月記者の質問の際に示した考えを問題にしてきたのだった。官邸は出来事の有無だけではなく、申し入れの対象を記者の認識、解釈といった表現方法にも広げたわけだ。

質問の発端は、一八年三月二八日にあった衆院内閣委員会での菅義偉官房長官の答弁だった。この日、寺田学氏（無所属、当時は希望の党）は、平日に原則として午前と午後二回行われている官房長官会見について取り上げた。寺田氏は菅直人、野田佳彦氏の首相時代に総理大臣補佐官を務めている。間近で見ていた、官房長官会見に関心があったのかもしれないし、望月記者の質問に不快感を持っているだろうと、同じ秋田出身として忖度した質問だったのかは分からない。

「余談というわけじゃないですが、私は、朝と夕方、長官が二回記者会見をするということ自体、正直、もちろん国会及び国民に対する説明責任を十分果たす上で、ちょっと、時代の変遷とともに変えていくべきじゃないかなと思います。報道官制度がいいのかどうか、いろいろありますけれども。いろいろ、今つらつら思っていたんですが、ちょうど総理のぶら下がり、あれも朝夕ありました。あれがなくなって約七年になります。私が官邸に勤めているときに、なくなるきっかけがありましたので、なくしましたけれども。

もちろん国民の皆さんに、特に今、時節柄、政府の説明が求められるタイミングではあると思いますので、十分そういう機会は確保しながら、ただ、長官みずからが朝と夕方、二回に及んでやるということ自体、重要なことではあるとは思うんですが、抱えられている責務を含め、任務を含めて、さまざま工夫の余地はあるのではないかなというふうに思います。

これはひとり言で言っておきます」

菅官房長官の答弁は次のようだった。

「まず、記者会見については、大変ご理解あるご提案を受けとめさせていただきますけれども、私自身も常日ごろ、やはりそこは考えておりますので、できる限り国民の皆さんに政府の情報を発信しながら、しかし、一日に二回というのは海外でも例を見ないということでありますので、そうしたことも含めてこれから検討をぜひさせていただきたいと思いますので、ご理解を賜りたいというふうに思います」

寺田氏は「余談というわけじゃないですが」「これはひとり言で言っておきます」と言っ

ているが、国会の議事録にもしっかり記録されている質問である。これに対して、菅官房長官が「私自身も常日ごろ、やはりそこは考えております」「これから検討をぜひさせていただきたいと思います」と応じている。官房長官会見の原則にかかわる質疑なのである。官房長官会見の主催者は、形式的には内閣記者会ということになっている。同日午後の記者会見で、毎日新聞記者が「具体的にどのようなことを検討されるんでしょうか」という質問をさっそくぶつけている。やりとりの概要は次の通りだ。

菅義偉官房長官　寺田議員が自ら内閣の補佐官も就任されてこの官邸のですね、そうした仕事というものを十分理解したうえでのご発言だったと思います。官房長官に相当する職の方が、二回行うというのは、世界ほとんど例をみないということも言われております。そういう意味で大変、有り難い申し出でありますので、そこはじっくりと検討していきたい。こう思います。

毎日記者　そうしますと、具体的にどのような形で検討するかはまだ、そこもこれから考えていくと言うこと……

菅官房長官　あのー今日、提案をいただいたばっかしでありますので、えー、まあ時間をおいてしっかりとじっくりと検討していきたい。こう思います。

政府の意思決定の権限が、各省庁の幹部人事を含めて内閣官房に集中する安倍政権下にあって、安倍首相自身の会見も歴代首相に比べると減少している。しかも官邸や国会内を移動中の首相に番記者が次々とぶつける取材は過去のものである。寺田氏が言うように定例だった朝夕の首相のぶら下がりもなくなった。

政府のスポークスパーソンである官房長官の記者会見が減るということは、各省庁の大臣会見が減るということとは、同じ大臣であっても、意味合いは大きく異なる。望月記者は、こうしたやりとりがあったことを踏まえて、翌二九日午前の記者会見で質問したのだった。

■東京「『意見』に当たらない」

望月衣塑子記者　アメリカのホワイトハウスのプレスセクレタリー（大統領報道官）のサラ・サンダースさん（二〇一九年六月退任）の会見は一日一回なんですけど、三月七日は二〇分以上、総質問は五六回、記者の質問は全く打ち切りにならず行われておりますし、オバマ政権のときも一日一回、一時間以上、会見をされていました。世界の趨勢にならっていくということであれば、こういう規模での見直しも検討されていくということとでしょうか。

先に言及したように官房長官の記者会見は内閣記者会の主催ということにはなっているが、司会進行役は官邸報道室長、質問者は官房長官自身が指名する慣行になっている。一方、記者から手が上がっている限りは、官房長官は指名し続けることが原則にはなっているようだ。しかし、実質的な主導権は、官邸側にある、と言って良い。質問時間も一〇分を超えることはあまりなく、望月記者については質問が最後に回され、現実には二問を超える質問が不可能になっているのはよく知られている（詳しくは第12章）。

望月記者の質問に対して、菅官房長官は「あの官房長官の会見について昨日、質問がありました。そういうことです。官房長官の（会見を）制限されたらどうですか、という提案を受けましたから、世界で官房長官が大臣がこのような形で一日二回やっている例はない。ここは当然じゃないでしょうか」と述べている。

官邸が「質問でなく意見だ」として、問題視した望月記者の質問での表現は、これを受けた二問目にあった。

＜――官房長官というお立場での会見の削減ということを言いたいのかなあと思うんですが、そもそも現在森・加計を含め改ざん文書を国会に出され、一年近い国会質疑がほぼ振り出しにもどってしまい、今もって国民への説明が不足しているとの指摘があります。この状況のなかで会見を制限していくことに国民の理解が得られると思うんでしょうか＞。

これに対して菅官房長官は「会見を制限するということは言ってません。勝手な自分本位の思いで質問はしないで下さい」と反論したのである。

官邸は同じ二九日に「質問でなく意見だ」とする申し入れを東京新聞に行ったというわけだ。東京新聞は四月二日、「質問の前提として記者の認識を示したもので『意見』に当たらない」とする文書を返したという。

前日（二八日）の衆院内閣委員会での答弁や同日夕の記者会見での毎日新聞記者による質問に対する答え。そして、二九日午前の望月記者の一問目の質問に対する菅官房長官の発言内容を踏まえれば、望月記者が「官房長官というお立場での会見の削減ということを言いたいのかなあと思う」という表現になったことは、筆者には違和感はないように思える。むしろ、菅官房長官が「会見を制限するということは言ってません」との言い分をこの流れの中で言葉通りに受け取る記者の方が少ないのではないだろうか。一方で菅官房長官は記者会見の制限をしないとも言っていないのだ。むしろ、発言からは、寺田氏の提案に菅官房長官は乗り気なのではないかと記者なら読み取るのではないだろうか。

官房長官会見は、その後も一日二回行われているが、少なくとも内閣記者会に所属する政治記者には記者会見を減らされたら困るというある種の緊張感を与える効果はあったに違いない。

菅官房長官や官邸の狙いは案外、この辺りにあったのではないだろうか。

第５章

「相談記録は個別に答えない」2018 年５月 29 日

「安倍首相の記者会見の回数は民主党政権時代に比べて激減している。番記者でさえ１問か２問。私が安倍首相に聞けることはまずない」。望月衣塑子記者は講演会でそう語っていた＝東京都文京区で 2019 年９月 22 日、筆者撮影。2020 年２月 29 日に開かれた安倍首相の記者会見では、幹事社（２社）からの質問を除くと日本メディアで指名されたのは、２人の番記者だけだった。

■官邸「（官房長官の）発言ない」

望月記者 午前中の会見で菅官房長官、「個々の相談記録は個別に答えない」というお話、出てましたけれど（二〇一八年五月二九日）

官邸 そのような発言はない（二〇一八年五月三〇日）

東京 記憶に基づいた発言で、言い間違いだった（二〇一八年六月一日）

◇◇◇

東京新聞が官邸から望月衣塑子記者の質問に関して申し入れを受けた九件のうち、誤りを認めた質問は、二〇一八年五月二九日午後の記者会見で、望月衣塑子記者が投げかけた中にあった。

この時期は、大阪府豊中市の国有地を学校法人・森友学園にゴミの撤去費用として八億円余もの値引きをして売却した問題が改めて大きな注目を集めていた。同年三月に朝日新聞の報道によって、財務省が国会に提出した決裁文書は改竄したものだったことが発覚した。同省は佐川宣寿前理財局長（当時）が「廃棄した」と答弁してきた、森友学園との交渉記録や、改竄する前の一四件の決裁文書を五月二三日に公表したのだった。

その経緯はこうだ。

望月記者が質問したのは、前日の五月二八日にあった衆参の予算委員会での質疑に関してだった。共産党が独自に入手したという、森友学園問題に関連した政府の内部文書をもとに追及したのだった。

共産党の小池晃氏は、同日午前の参院予算委員会で「航空局長と理財局長との意見交換概要」とのタイトルの文書の内容について「財務省と国交省の局長がその報告内容への介入を密談していた。重大問題ではありませんか」と追及した。

文書の右上には「取扱厳重注意」という記載がある。日時は一七年九月七日。この年の二月に朝日新聞の報道で森友学園問題が浮上し、会計検査院が同年三月に参院予算委員会の求めに応じて会計調査に入っていた（検査結果をまとめた報告書は、一七年一一月に提出された）。

文書によると、意見交換したのは、財務省の太田充理財局長と国有地を保有する国土交通省の蝦名（えびな）邦晴航空局長で、「両局長で検査院・国会等への協力関係を確認後、意見交換を行った」とある。意見交換の席には、理財局の中村稔総務課長、航空局の金井昭彦総務課長も同席していたらしい。

やりとりは生々しい。例えば、こんな感じだ。

航空局　「総額」を報告書から落とすことと、「瑕疵担保免責」の考え方を認めさせて、リスクを遮断するために見える範囲で最大限合理的な範囲で見積もったと主張できるようにしておくことが重要。

理財局　「総額」を消すことが重要だが、それが難しい場合には、失点を最小限にすることも考えなくてはいけない。少なくとも「トン数」は消せないのではないか。「金額」よりも「トン数」のほうがマシ。

理財局　できる限り両局で協力して対応していきたい。世間的にはやはり八・二億円がどうなるかが最大の関心事。

注目したいのは、航空局側が「官邸や与党などに対してどのような対応をしていくか」との問いかけに、理財局側が「両局長が官邸をまわっている姿をマスコミに見られるのはよくない。まずは寺岡（筆者注・光博官房長官秘書官）を通じて官房長官への対応するのが基本」との考えを示していることだ。

安倍晋三首相は小池氏の質問に対して、「そもそもこれはどういう文書であるかということを我々承知をしておりません。そういう文書が果たしてあるのかどうか、それは調査というか、まず、まずこれはどこが作ったかという、本当にあるのかどうかということについては、これは調べてみたいと思います」と述べた。

宮本岳志氏（共産）もこの文書を手に衆院予算委員会で「この事件は、最初から菅官房長官が関与して隠蔽や改竄を進めてきた。こういうことじゃないですか」とただした。これに対して、安倍首相は「官房長官を中心に隠蔽したんだろうということであれば、それは、そんなことはない」と否定した。

■「そうしたメモについては、あー承知いたしておりません」

望月記者は翌五月二九日午前の官房長官記者会見で、この文書に関して質問したのだった。

望月衣塑子記者　昨日野党が示した九月七日の太田理財局長と蝦名航空局長の協議録についてですが、まずは寺岡秘書官を通じ、官房長官の対応をするのが基本というのがあったということです。この九月七日前後に検査院の報告書に関連して理財局や航空局からの相談、秘書官を通じてあったのでしょうか。

菅義偉官房長官　そうしたメモについては、あー承知をいたしておりません。秘書官には担当省庁から日々さまざまな報告を、まーこれ、あると思っておりますけれども個別の報告、報告内容については承知してないということであります。

望月記者　昨日、麻生大臣が資料はまだ出てくるかもしれないという発言をされました。今回の協議録を含めまして、政府として森友・加計関連の新たな文書を出す予定は考えているんでしょうか。

菅官房長官　財務大臣に聞いて下さい。財務省に聞いて下さい。

望月記者は五月二九日午後の官房長官の記者会見にも出て、件の九月七日の文書（協議録）について重ねて聞いている。

望月記者　午前中の会見で菅官房長官、個々の相談記録、個別に答えない、というお話出ていましたけれども九月七日の昨年の協議録を書いたと思うと、航空局総務課長が委員会での発言が出ておりまして検査院の報告書を事前に国交省、財務省、官邸が見て、値引き額を出さないと、もし、していたならこれ非常に大きな問題だと思いますが、国民にこの点をきちんと説明する必要があるんじゃないでしょうか。

菅官房長官　あのー、いずれにしろ、このメモについては承知していませんので政府の立場で答えることは控えたいと思います。実際みてないわけですから。

望月記者が言及した「委員会での発言」というのは、二九日午前にあった衆院財務金融委員会での、和田浩一・国土交通省航空局次長の答弁だとみられる。宮本徹氏（共産）が「行政文書じゃなく個人メモでつくっているかもしれないので今探索しているところだというお話でした。作成はしたと担当者はおっしゃっているわけですね」と質問した。これに対して、和田航空局次長が「総務課長に確認をいたしましたが、手元には今残っていないということでありますが、個人的なメモとして作成したような記憶もあるということでございましたので、先ほど申し上げましたように、個人メモの類いも含めて探索を進めている、こういうことでございます」と答弁しており、これを指すとみられる。

望月記者は、共産党が入手した文書を「協議録」と表現しているが、これに対して、菅官房長官が国交省側が持ち出した「個人メモ」――メモという言葉を菅官房長官が午前の記者会見の時点から使っているのは興味深い。メモとしての存在は認識していたのではないだろうか。

東京新聞二〇一九年二月二〇日朝刊の特集記事「検証と見解／官邸側の本紙記者質問制限

と申し入れ」によると、官邸は五月二九日の午後の会見で望月記者が一問目の質問の冒頭で口にした「午前中の会見で菅官房長官、個々の相談記録、個別に答えない、というお話出ていましたけれど」という表現を問題視した。官邸は「そのような発言はない」と指摘してきたのだという。

この日の午前の記者会見で、望月記者は「理財局や航空局からの相談は秘書官を通じてあったのでしょうか」と聞いたのに対して、菅官房長官の答えは正確には「（個別の報告内容は）承知していない」という表現だった。

「承知していない」のであれば、そもそも知らないというニュアンスがあるが、「答えない」というのだと、知っているが答えないというような疑惑を抱かせかねないという懸念を官邸が持ったのかはわからない。

東京新聞は「記憶に基づいた発言で、言い間違いだった」と官邸に対して釈明したらしい。

第６章

「メモの調査を」 2018 年６月 19 日

「辺野古工事で赤土」は事実誤認か

国、投入土砂の検査せず

3月 1日 「（森友学園が計画していた小学校の名称について）」

29日 「官房長官というお立場での（1日2回の）会見」「うことをいいたいのかなあと思うのですが」

質問でなく意見だ

4月 2日 本紙 質問の前提として記者の認識を示したもので「意見」当たらない

5月 28日 「午前中の会見で官房長官、「個々の相談記録は個別に」「えない」というお話出てましたけれど」

30日 そのような発言はない

6月 1日 本紙 記憶に基づいた発言で、思い違いだった

19日 森友学園問題に絡み「メモがあるかどうか調査していただきたい」

質問ではなく要請。会見でそのような要請ができると考えるのか

22日 本紙 記者は読者、国民の代表として質問に臨んでいる。会見の場で調査を求めることは問題ない

記者は国民の代表とする根拠を示せ

26日 本紙 会見に出る記者は憲法21条に基づく国民の知る権利の負託を受けている

11月 28日 入管難民法改正案の審議で、「強行に採決が行われました」

29日 採決は野党議員も出席していて「強行に採決」は事実に反する

12月 26日 辺野古の埋め立て工事を巡り、「沖縄防衛局が実態把握できていない」

28日 事実に反する

※ 12月26日の会見での東京新聞記者の質問に事実誤認があった。当該記者の問題行為は深刻で問題意識の共有をお願いしたい

19年 1月 18日 「宮崎（政久）議員の行動は、県民の投票の権利を踏みにじる暴挙」「民意に反し、基地建設を強行に進めている」

21日 主観に基づく、客観性・中立性を欠く個人的見解

22日 本紙 会見の実施を著しく阻害する

23日 主観を交えて長々と 合致しない

2月 13日 本紙

東京新聞は、「検証と見解／官邸側の本紙記者質問制限と申し入れ」（2019 年２月 20 日朝刊）で、官邸からの９件の申し入れの内容と同紙の回答の要点を一覧表にして掲載した。

■官邸「質問ではなく要請」

望月記者　メモがあるかどうか調査していただきたい（二〇一八年六月一九日）
官邸　質問ではなく要請。会見でそのような要請ができると考えるのか（同）
東京　記者は読者、国民の代表として質問に臨んでいる。会見の場で調査を求めることは問題ない（二〇一八年六月二二日）

◇◇◇

「質問ではなく要請」「記者会見は官房長官に要請できる場と考えるか」――。二〇一八年六月一九日、長谷川栄一内閣広報官は抗議と質問を東京新聞に出した。官邸が問題視した、望月衣塑子記者の質問は同日午前の記者会見で出た。

望月記者が取り上げたのは、辰巳孝太郎氏（共産）が前日（一八日）の参院決算委員会で、独自に入手したとして明らかにした文書についてだった。学校法人・森友学園への国有地売却をめぐって財務省近畿財務局と国土交通省大阪航空局とのやりとりを記した文書（タイトルは「近畿財務局処分依頼案件の状況について」で日付は平成二七年一一月一二日とある）と、タイトルや作成者名はないが、手書きで「5／21」「つるた参事官」（鶴田浩久・国土交通省大臣官房参事官＝人事担当＝とみられる）との記載がある二種類の文書である。

財務省は二〇一八年五月二三日に森友学園の国有地売却をめぐる学園側との交渉記録や、未公表だった一三件（公表済み分を含めると一四件）の改竄前の決裁文書を国会に提出していた。後者の文書は、その直前の作成とみられ、この文書（望月記者は質問では「メモ」と表現している）には、

・5／23の後、調査報告書をいつ出すかは、刑事処分がいつになるかに依存している。官邸も早くということで、法務省に何度も巻きを入れているが、刑事処分が5／25夜という話はなくなりそうで、翌週と思われる（筆者注・大阪地検特捜部は五月三一日に、国有地売却に対する背任や、決裁文書を改竄した虚偽有印公文書作成など全ての告発容疑について、財務省幹部ら三八人全員を不起訴処分としている）。

・役所間のやり取りの公表に先鞭をつけてよいものか、悩ましい。近畿財務局と理財局のやり取りについては、最高裁まで争う覚悟で非公表とするのだろうが、近畿財務局と大

阪航空局のやり取りについては、森友問題に限って考えればメリットもあり得る。色々とひどいことを言われたことが明らかになる

・近畿財務局と大阪航空局のやり取りを公表するかどうかは、中身にもよるだろう。国交省として、出すのが得策かどうか検討してほしい。

——などの記載があった。

辰巳氏はこれに基づいて、参院決算委員会（六月一八日）で「最高裁まで争ってまで隠したいものは一体何なのか」などと追及した。これに対して、安倍晋三首相は「前もって通告をしていただければ、実際にもう一度、それが果たしてあるのかないのかということを調べられますが、真偽のほども分からない中において、麻生大臣も石井大臣も私もお答えのしようがないと。架空の、言わば今の段階では全く架空の状況でありますから、お答えのしようがないということでございます」と答弁を拒んだ。

共産党はこの質疑の後に記者会見をして入手した二種類の文書を公表した。辰巳氏は会見で「（文書は）国土交通省のなかでの意思統一のような形でこういうメモが作成されたのではないか」と述べている。

国会で議員から政府の文書の提出を求められたのである。国土交通省や財務省が調査をして何らかの報告を官邸にするのは当然だと思うだが、官邸の態度は違った。

■「メモがあるかどうか調査していただきたい」

望月衣塑子記者　森・加計問題ですけれども、昨日野党が入手した「メモ」には官邸も早くということで法務省に何度も巻きを入れていると表記がありました。これ、事実なら検察の司法判断のタイミングに官邸が介入していることになり、非常に問題だと思うんですが、菅官房長官は、検察のこの判断のタイミングについて言及した記憶はございますでしょうか。

菅義偉官房長官　えーまず、ご指摘のものはどんなものか分かりませんので、政府として答えられるものではない。こういうふうに思います。

望月記者　じゃあ、あらためその森友ですね。あのメモがあるのかどうかの調査をしていただきたいということと、まあそこには近財と理財局のいわゆる協議録につきまして「最高裁まで争う覚悟で非公表とするだろう」と、これもありました。なぜ政府は、この協議録を公開しないのでしょうか。首相が膿を出し切り真相解明するとおっしゃいました。その覚悟があるのかどうか。

菅官房長官　たびたび申し上げてますけれども、昨日も総理、国会答弁しました。ご指摘のものがどのようなものかわかりませんのでお答えすることは差し控えたい。こう思います。

官邸（長谷川栄一・内閣広報官）がこの質問を受けていち早く行ったのは、財務省や国交省への調査の指示ではなく、東京新聞への抗議だった。その日のうちに出された。特集記事「検証と見解／官邸側の本紙記者質問制限と申し入れ」（二〇一九年二月二〇日朝刊）によると、官邸と東京新聞との間では、これに関しては、二往復もの応酬があったようだ。

一九日　**官邸**　記者会見は官房長官に要請できる場と考えるか

二二日　**東京**　記者は国民の代表として質問に臨んでいる。メモの存否は多くの国民の関心事であり、特に問題ないと考える

二二日　**官邸**　国民の代表とは選挙で選ばれた国会議員。貴社は民間企業であり、会見に出る記者は貴社内の人事で定められている

二六日　**東京**　会見に出る記者は憲法二一条に基づく国民の知る権利の負託を受けている

「検証と見解」は、こんなやりとりがあったことを明かしている。

望月記者が官房長官の記者会見にやってきたのは、この質問をぶつけた一年前ほど前の二〇一七年六月である。

当時、永田町や霞ヶ関は、安倍首相の友人である加計孝太郎氏が理事長を務める岡山市の学校法人・加計学園による愛媛県今治市での岡山理科大学の獣医学部新設をめぐり、大きく揺れていた。

内閣府が「官邸の最高レベルが言っている」「総理のご意向」などの言葉を使って開設を急がせる様子を記載した文部科学省の内部文書の存在を朝日新聞が報道したのだ。菅官房長官は「出所不明の怪文書」だとし、文科省も再調査を突っぱねていた。そうした状況の中で、望月記者が「もう一度真摯にお考えになって、文書の公開、第三者による調査というのは、お考えじゃないですか」と迫ったことが引き金になって再調査の結果、官邸は、文書の存在を認めざるを得なくなった経験がある。

「メモがあるのかどうかの調査をしていただきたい」

望月記者の森友学園問題をめぐるこの質問に先手を打ったということなのかどうかはわからないが、第5章で触れた文書を含めて政府として存在を認めたくない文書であるということは間違いないだろう。

第７章

「強行採決が行われた」2018年11月28日

衆院法務委員会の審議の映像を流す際のテロップは、TBSの「NEWS23」（下）が「与党からも『問題点出てくる』〝外国人材〟法案採決を強行」。テレビ朝日の「報道ステーション」は「『外国人労働者拡大』採決を強行」だった＝2018年11月27日放送

■官邸「強行採決は事実に反する」

望月記者 （外国人労働者の受け入れを拡大する出入国管理法改正案の審議で）強行に採決が行われました（二〇一八年一一月二八日）

官邸 採決は野党議員も出席していて「強行に採決」は事実に反する（二〇一八年一一月二九日）

東京 採決の状況から本紙や他の新聞や通信社も「採決を強行した」と表現

◇　◇　◇

＜昨年一一月、外国人労働者を巡る入管難民法改正案の国会成立について、本紙記者が「短い審議で強行に採決が行われましたが……」と質問したのに対し、長谷川氏から「採決は野党の議員も出席した上で行われたことから、『強行に採決』は明らかに事実に反する」と抗議が来た＞

東京新聞が、二〇一九年二月二〇日の特集記事「検証と見解／官邸側の本紙記者質問制限と申し入れ」の中で明かした、この抗議が首相官邸からあったのは、二〇一八年一一月二九日だった。記事に記載のあった「長谷川氏」という差出人は、内閣広報官の長谷川栄一氏（首相補佐官）のことである。長谷川氏が「事実に反する」とした望月記者の質問は果たして、どんな内容だったのだろうか。

当時、臨時国会は、「特定技能」と呼ぶ二つの在留資格を新設し、外国人労働者の受け入れを拡大する出入国管理法改正案（改正入管法案）の審議が大詰めを迎えていた。同改正案は、人手不足が深刻な「介護」「建設」などの現場で、従来は認めてこなかった非専門職の就労に初めて門戸を開くという労働政策の大きな転換点となる内容。産業界からの強い要望に応える狙いがあった。ところが、法案は、どんな業種に、どれくらいの外国人を受け入れることになるのか、受け入れ機関の条件――といった新たな制度の根幹にかかわる部分についての詳細は明らかにされず、政府は「法成立後に省令で決める」「検討中」などと繰り返し、審議はいっこうに深まらなかった。しかし、二〇一九年春の統一地方選、同年夏の参院選という選挙日程を考えると、成果をひっさげて選挙に臨みたい安倍政権にとって、臨時国会での成立は、絶対であったらしい。

一一月二七日夜。改正入管法案は、自民、公明に加え、日本維新の会などの賛成多数で衆院を通過した。生煮えの法案内容に加えて、野党から批判に上がった論点の一つが、審議時間の少なさだった。

衆院法務委員会での審議時間は、一七時間一五分。これには、野党が欠席のままでも時間だけはカウントされる「空回し」の二時間四五分も含まれる。

▽働き方改革関連法（三四時間三八分）

▽統合型リゾート実施法（一九時間四三分）

——など二〇一八年に成立した直近の重要法案に比べても、改正入管法案の衆院の委員会審議時間の少なさは際立っていた。

過去の▽安全保障関連法（一一六時間三〇分・二〇一五年）▽環太平洋経済連携協定（TPP）関連法（七〇時間四六分・二〇一六年）——といった重要法案との比較では極端に短いことが分かる。余りに短い審議時間に対しては、政府寄りの政治報道が目立つ読売でも「入管法審議　異例の短さ」と報じ、産経は主張（社説）「論点置き去りは許されぬ」で、「与党や維新は、なぜ採決を急いだのか。極めて残念である」と批判したほどだ（両紙とも一一月二八日朝刊）。

こうした流れの中で、長谷川氏が問題視した望月記者の質問は、二〇一八年一一月二八日の午後の記者会見であった。望月記者がぶつけた質問は次の通りである。

■「強行採決なんかやってません」

望月衣塑子記者 入管法改正についてお聞きします。実質一三時間という短い審議で強行に採決が行われましたが、午前の会見で長官、しっかり質問できたという趣旨の発言をされました。しかし、技能実習制度の改善策や労働環境、最低賃金確保への具体的対応は話し合われていませんが、いったい何をしっかり議論できたというお考えなんでしょうか。

菅義偉官房長官 あのー、強行採決なんかやってません。そういう全く事実と違うことの質問は、それはすべきじゃないですよ

（上村秀紀官邸報道室長 このあと日程ありますので、次、最後でお願いします）

望月記者 何をではしっかり議論したのかというお考えなのかという点をお答えいただきたいんですが。まあ、首相は受け入れの数や支援体制について（上村報道室長・質問は簡潔にお願いします）、二六日の集中審議でも「今後示す」「検討する」を繰り返し、具体的な議論をされていません。財界の要望ありきで採決が行われ、労働者の視点での議論が行われず、国会が軽視されているという批判が出ています。今回のような審議の対

応で問題ないというお考えでしょうか。

菅官房長官　大変申し訳ないですけど、だれがそう言っているんですか。

（**幹事社**　いいですか？　**上村報道室長**　はい、有り難うございました）

菅官房長官は、望月記者の二つの質問のいずれにも答えていない。

望月記者が触れた一一月二八日午前での菅官房長官の発言というのは、朝日記者の「今回の質疑時間で政府としてしっかり十分な説明を果たしたというお考えか」との質問に答えたものだ。

菅官房長官は「昨日（一一月二七日）の質疑終結、採決。まあ、そういうなかでこの問題点についてはさまざまな点、予算委の集中審議もあってしっかり質問はできたと思います」と述べていた。質問の趣旨は似ているが、大きな違いは「採決の強行」という言葉が質問内容に含まれているか否かだ。

望月記者が質問した、一一月二八日の新聞各紙の朝刊の見出しと本文の表現を見てみたい。改正案は衆院法務委員会で二一日に審議入りし、二七日夕に可決され、同日夜、衆院本会議を通過した。安倍晋三首相はアルゼンチン・ブエノスアイレスで開かれる主要二〇カ国・地域（G20）への参加や、ウルグアイ、パラグアイを訪問するため、一一月二九日午前

入管法案 衆院通過

委員会審議17時間

与党、採決を強行

新毎日聞

11月28日(水)

入管法改正案

採決強行

野党「拙速」

30カ所超

与党、参院委で採決強行

朝日新聞

2018年(平成30年)11月28日 水曜日

入管法案 衆院通過

委員会採決強行

衆院法務委員会で入管法改正案の採決が強行されたことを報じる2018年11月28日朝刊の毎日、東京、朝日（左上から）。右端は、参院法務委員会でも採決の強行があったことを伝える同年12月8日朝刊の東京新聞。

に羽田空港から出国の予定があり、二八日の参院本会議で安倍首相が出席して改正案を審議入りさせる必要があった。安倍首相の外遊日程から逆算した結果の審議時間だったとも言える。

▽朝日「入管法案　衆院通過　委員会採決強行　審議一七時間のみ」＝「本会議に先立ち開かれた衆院法務委員会では、与党が野党の反対を押し切って採決を強行」（見出しと本文）

▽毎日「入管法案　衆院通過　委員会審議17時間　与党、採決を強行」＝「これに先立つ衆院法務委員会で与党は、慎重審議を求める野党を押し切って採決を強行した」（同）

▽東京「審議わずか一五時間　採決強行　入管法改正案　衆院通過　野党『拙速』八党派反対」＝「与党などが採決を強行し、改正案を本会議に緊急上程した」（同）

三紙とも衆院法務委員会で葉梨康弘委員長（自民）を野党議員が取り囲んで抗議するなど騒然としたなかでの採決の写真を掲載した。

テレビの報道番組はどうだったのか。一一月二七日のTBSの「NEWS23」では、衆院法務委員会の審議の映像を流す際のテロップには「与党からも『問題点出てくる』〝外国人材〟法案採決を強行」とあり、テレビ朝日の「報道ステーション」でも「『外国人労働者拡大』採決を強行」というテロップだった。

菅官房長官はよほど「強行採決」という言葉が気に障ったのだろう。

東京新聞は、望月記者が「強行に採決が行われました」という言葉を使ったことへの抗議に対して、「採決の状況から本紙や他の新聞や通信社も『採決を強行した』と表現していた。それにもかかわらず本紙記者の発言を『事実に反する』と断じており、過剰な反応と言わざるを得ない」と反論したことを特集記事「検証と見解／官邸側の本紙記者質問制限と申し入れ」（二〇一九年二月二〇日朝刊）で明かしている。

読売と産経の一面記事の主見出しはそろって「入管法改正案　衆院通過」だった。読売は本記では法務委員会での採決そのものに触れず、産経は「衆院法務委で改正案の採決が行われ、自公と維新の賛成多数で可決」と書くのみで、強行かどうかには言及していない。

こうした各紙の表現を記者はどう見ているのだろうか。政治部で首相官邸取材の経験のある全国紙記者に聞いてみた。

この記者は「まず改正入管法案の審議はそもそも審議時間が足りていない。これまでの労働政策の根幹を変える法案でありながら、衆院通過の段階で一七時間というのは過去の重要法案と比べても明らかに少なすぎる。五〇～六〇時間やってもいい法案だ」と指摘する。そのうえで、「対決法案といってもこれまでは与党は野党と水面下で交渉し、より良い着地点を見いだしてきた。採決を強行しても野党のパフォーマンスのような側面もあった。しかし、安倍一強になってからゼロか一〇〇ということになってしまった。だから朝日、毎日、東京の三紙の書き方には違和感はない。自分が記事の執筆を担当していたとしても同じように書いたと思う」と明かした。

この記者は読売、産経の記事については「むしろ、読売、産経は政府の言い分に沿った書き方だ」と批判した。長谷川氏は政府の側に立った質問でないと事実に反するということを言いたいのかもしれない。

ところで、長谷川氏が事実に反すると判断した根拠は、「採決は野党議員も出席していた」ということのようだ。たしかに、日本維新の会は賛成には回っていた。しかし、他の野党議員は、そうは受け止めていないのだった。

衆院法務委員会では、葉梨康弘委員長の職権で政府や参考人質疑の日程が決められた揚げ句の採決。委員会での採決について、会期中に国会の場で「強行採決」という言葉を使って非難した議員は、少なくとも衆参で六人いた。

▽**階猛氏**（国民民主）「本日、重要広範議案（委員会審議前に首相が本会議での質疑に応じる、いわゆる重要法案のこと）であるにもかかわらず、たった一七時間の審議で強行採決されたのです。法務委員会は、いつから無法委員会になったのでしょうか」（一一月二七日衆院本会議）

▽野田国義氏（立憲民主）「今日、衆議院の方ではまた強行採決がされるようでございますけれども、本当に慎重な審議が、急がずに、多くの問題があるということであります」（一二月二七日参院国土交通委員会）「初めに、昨日、また一昨日、十数時間の審議で入管法が打ち切られ、強行採決をされました」（一一月二九日参院国土交通委員会）

▽塩川鉄也氏（共産）「昨日の入管法改正案のああいう強行採決は、余りにもひどいと言わざるを得ません」（一一月二八日衆院内閣委員会）

▽仁比聡平氏（共産）「またもや民意を踏みにじり、昨日、衆議院でまともな審議もないまま強行採決で押し通し、今日、こんな夕方からの異常な本会議を強行した政府・与党は恥を知るべきであります」（一一月二八日参院本会議）

▽糸数慶子氏（沖縄の風）「与党は法案審議のための不都合な真実を隠し、衆議院で議論を尽くさないまま強行採決をしたのですから、一旦廃案にし、明らかになった事実を基に審議をやり直すべきではないか」（一二月四日参院法務委員会）

▽稲富修二氏（国民民主）「残念ながら、十分な審議を経ることなく採決をされるという場面は、わずかこの一年で何度見てきたかわかりません。カジノ法でも、入管法改正でも、強行採決が繰り返されてまいりました」（一二月六日衆院本会議）

そもそも「強行採決」かどうかといった国会の議事運営にかかわる表現を、役人である長谷川氏だけでなく、菅官房長官も含めて政府が解釈することの是非こそが問われるべきではないだろうか。

改正入管法案は、二〇一八年一二月八日未明、衆院法務委員会と同様に参院法務委員会でも賛成多数で可決された。

東京新聞のこの日の朝刊の見出しは「入管法改正案　成立へ　与党、参院委で採決強行」。本文でも「横山信一委員長（公明党）は質疑の終局を宣言した。締めくくりの討論後、横山氏が採決すると宣言するのを阻止するため、野党議員はマイクを奪おうとした。横山氏はもみくちゃにされながらも、採決を強行した」と書いていた。

菅官房長官は、望月記者の質問に対して、「強行採決なんかやってません」と反論し、官邸の広報官も東京新聞に抗議した。安倍政権による見解の押し付けを東京新聞は参院審議での実態を踏まえて改めて拒否する姿勢を示したわけだ。

第８章

「防衛省、実態把握できてない」2018 年 12 月 26 日

辺野古工事で防衛省

県に無断 土砂割合変更

環境に悪影響の恐れ

県の立ち入り応じず

辺野古埋め立て工事の経緯

2013年3月	防衛省沖縄防衛局が、沖縄県に埋め立て願書を提出。願書添付の環境保全図書には「細粒分含有率は、概ね10%前後と考えられる」と明記
12月	仲井真弘多県知事（当時）が辺野古移設を承認。国と交わした留意事項に「環境保全図書を変更して実施する場合は、承認を受けること」と明記
14年8月	辺野古工事のボーリング調査が始まる
17年11月	防衛局が県と協議せぬまま、埋め立て工事の入札仕様書に「細粒分含有率40%以下」と記載
18年2月8日	防衛局が、辺野古埋め立て工事の入札を実施
12月14日	埋め立て業者の琉球セメントが土砂投入を開始
21日	「土砂は赤土が混じり、相当量の粘土分を含む」として、県が防衛局に立ち入り検査と性状試験のための土砂提供求める

沖縄・辺野古で進む米軍新基地建設工事で、防衛省が沖縄県に無断で土砂割合を変更していたことを報じる東京新聞の記事（2019 年 1 月 11 日朝刊）。写真からは、土砂投入に伴って赤土が広がっている様子がくっきりとわかる。この記事を掲載した後、2018 年 12 月 26 日の望月衣塑子記者の質問内容に絡んだ官邸からの執拗な説明要求はなくなったという。

■質問妨害

望月記者　（辺野古新基地工事の）埋め立ての現場では今、赤土が広がっている。防衛省、沖縄防衛局は実態把握できていない（二〇一八年一二月二六日）

官邸　事実に反する（二〇一八年一二月二八日）

◇　◇　◇

春の晴れ間が広がる二〇一九年四月一三日の昼下がり。土曜日ということもあってJR横浜駅構内は、大勢の買い物客でごった返していた。人波をかき分けながら高島屋が構える西口を目指した。地上に続く階段を上りきると、路上に置かれた大きなモニターに映った男の顔が飛び込んできた。

不機嫌な表情を露骨に浮かべているのは、自民党内で「ポスト安倍」を巡る有力候補として当時、急浮上していた内閣官房長官の菅義偉氏だ。「令和」の新元号の発表で一躍、話題の政治家として注目を集めていた。

モニターに張られたチラシには「頑張る記者さんを応援！ 知る権利を守ろう」との文字が印刷されている。映し出されているのは、首相官邸で平日の午前と午後、一日に計二回行われている官房長官の記者会見の様子だ。質問しているのは、東京新聞の望月衣塑子記者だ。甲高い特徴的な声ですぐに分かった。

二〇一八年一二月一四日から、沖縄県名護市辺野古で防衛省が進める米軍新基地建設工事のために土砂が投入されると、海面には赤茶色の濁りが広がっていった。本来、埋め立て用に使用するはずの岩ずりは黒っぽい。

このため、現地では赤土の大量混入を疑う声がすぐに上がった。粘土性の赤土は、水に溶けるとヘドロ状になり、サンゴなどの生育環境に悪い影響を及ぼす恐れがある。

望月記者はこの疑問を記者会見で菅官房長官にぶつけた。

望月衣塑子記者　沖縄・辺野古についてお聞きします。民間業者の仕様書には沖縄産の黒石岩ずりとあるのに、埋め立ての現場では今、赤土が広がっております。

(上村秀紀・官邸報道室長「質問、簡潔にお願いします」)

望月記者　琉球セメントは県の調査を拒否してまして防衛、沖縄防衛局は実態把握できていないとしております。埋め立てが適法に進んでいるか確認ができておりません。

（上村報道室長「結論、お願いします」）

望月記者　これ、政府としてどう対処するおつもりなんでしょうか。

菅義偉官房長官　法的に基づいてしっかり行っています。

（上村報道室長「この後日程がありますので次の質問、最後でお願いします」）

望月記者　あのー、適法かどうかの確認をしてないということを聞いてるんですね。粘土分を含む赤土の可能性が……。

（上村報道室長「質問、簡潔にお願いします」）

望月記者　……これ、指摘されているにもかかわらず、発注者のこの国が事実確認をしないのは、これ、行政の不作為に当たるのではないでしょうか。

菅官房長官　そんなことありません

望月記者　それであれば、じゃあ、政府としてですね、防衛局にしっかり確認をさせ、仮に赤土の割合が高いのなら……。

（上村報道室長「質問、簡潔にお願いします」）

望月記者　……改めさせる必要があるんじゃないですか。

菅官房長官　今、答えたとおりです。

菅義偉官房長官の地元（神奈川２区）である横浜市西区のＪＲ横浜駅西口前で行われたイベント「頑張る記者さん応援パブリックビューイング」。南彰・新聞労連委員長らが質問制限問題を解説した＝2019年4月13日、筆者撮影

質問時間は約一分。文字にすると、二つの質問を合わせても三三〇字ほどの質問の途中に、上村報道室長はそれぞれ二回も割り込んでせかした。さらに二日後の一二月二八日に官邸は、「事実誤認だ」として、望月記者が所属する東京新聞の編集局長宛に抗議する申し入れと、記者会見を主催する内閣記者会には「問題意識の共有」を求めたというのである。

「頑張る記者さん応援パブリックビューイング」と名付けられたこの企画は、こうした記者個人を狙い撃ちにした政府による圧力に危機感を抱いた武井由起子弁護士が、菅官房長官が市議として政治家人生を歩み始めた横浜市から抗議の声を上げようと呼びかけたという。市民だけでなく、現役の記者たちも次々にマイクを握った。

「官房長官会見は今までは質問制限もなく、政府に対して疑問が出た時にはどんなことでも聞けた。いまは政府に不都合な質問を、煩わしいということで制限している。一つは質問の順番を後回しにする。二つ目は記者の質問の数を一、二問に制限する。しかも質問をしている最中に繰り返し妨害する行為もある。極めつけは、質問は事実誤認だというレッテル貼りをして排除しようとした。黒を白と政府の都合で記者の質問にまで（政府の）違った見解を当てはめようとする。こんなことを許してしまっては大本営発表が横行した不幸な歴史を繰り返してしまう」

そう訴えたのは、南彰・日本新聞労働組合連合（新聞労連）の委員長だ。南委員長は朝日新聞政治部出身。二〇一八年九月、委員長に就任するまでは望月記者とともに記者会見で、安倍政権を大きく揺さぶった森友・加計学園問題などを追及した記者の一人だった。

この日は、大阪日日新聞の相澤冬樹論説委員も駆けつけた。NHK記者時代の一八年四月、学校法人・森友学園への国有地売却問題で大きなスクープ（財務省の職員が森友学園側に「トラックを何千台も使ってごみを撤去したと言ってほしい」などと虚偽の説明をするよう口裏合わせを依頼していた事実を最初に報じた）を出したが、直後に取材部門から内勤部門に異動となって一八年八月に退社し、翌九月、放送記者から新聞記者になった人物だ。

相澤氏は「ＮＨＫにいられなくなった時に手を差し伸べてくれたのが望月記者と南記者だった。私が置かれた状況に共感してくれたからだと感謝している。私もいま望月記者に共感を示して応援したい。望月記者の質問の仕方には官邸クラブの他の記者もほとんどが批判的だと思う。しかし、取材させない、質問させないということはけしからんことなのだという一点では共有してほしい」と述べた。

武井弁護士は「頑張っている記者さんたちを私たち市民が応援することは、私たちの自由や民主主義、平和や生活を守ることにつながるのだと思う」と語った。

望月記者に対する質問妨害問題は、市民や記者たちまでも街頭での行動に駆り立てた。

東京新聞の特集記事「検証と見解／官邸側の本紙記者質問制限と申し入れ」（二〇一九年二月二〇日朝刊）によると、八件目となる申し入れの発端となったのは、先に触れた二〇一八年一二月二六日の質問だった。

沖縄・辺野古での米軍新基地建設に向けた埋め立て工事の土砂投入が一二月一四日に始まると、県の担当者を含めて現場では何人もが海水が茶色く濁っていることを目撃した。赤土の大量混入を疑うのは自然で、県が沖縄防衛局に工事現場への立ち入り検査を求める行政指導を行ったのは、工事の承認を与えた県として当然の措置だろう（一二月二一日）。

ところが、官邸は県の立ち入り検査を受け入れたり、内部調査を始めるどころか、望月記者の疑問を呈する質問について、「事実に反する」として反対に問題視した。官邸は長谷川栄一・内閣広報官名で臼田信行・東京新聞編集局長に宛てた文書で抗議するとともに、内閣記者会にも上村秀紀報道室長名で「事実誤認等があり、問題意識の共有」を求める文書を出した（文書は内閣記者会内に掲示された。しかし、内閣記者会の幹事社は官邸側に「記者の質問を制限することはできない」と口頭で述べ、文書は受け取っていないという立場らしい）。

内閣記者会宛の申し入れ文書に記された、「東京新聞の特定の記者による質問について、事実誤認等がありました」とする官邸の主張は次のような内容だった。

① 沖縄防衛局は、埋立工事前に埋立材が仕様書どおりの材料であることを確認しており、また、沖縄県に対し、要請に基づき確認文書を提出しており、明らかに事実に反する。

② 琉球セメントは、県による立入調査を受けており、これらは、明らかに事実に反する。

③ 現場では埋立区域外の水域への汚濁防止措置を講じた上での工事を行っており、あたかも現場で赤土による汚濁が広がっているかのような表現は適切ではない。

①と②は事実関係を争うものだが、③は表現内容を問うものである。だから「事実誤認等」となったのだろう。

官邸側は東京新聞に「事実に反する」と抗議したあとも質問した根拠を明らかにするよう執拗に迫ったらしい。こうした官邸による一連の異様な態度を一変させたのは、望月記者と中沢誠記者の二人が二〇一九年一月一一日朝刊の一面トップで書いたスクープだったようだ。

■質問は事実だった

「辺野古工事で防衛省　県に無断　土砂割合変更　環境に悪影響の恐れ――。
防衛省が、埋め立て用の土砂について、県の承認を得ずに岩石以外の細かな砂などの割合を増やした仕様に変更し、業者に発注していたことが、県への取材で分かった」

この記事には海水が、投入された土砂によって赤茶色に濁った様子を空撮した写真も掲載されている。

このような前文で始まるスクープ記事は、沖縄防衛局が二〇一三年三月に沖縄県に提出した埋め立て願書に添付された環境保全図書に、岩石以外の砕石や砂などの細粒分含有率は「概ね一〇％前後と考えられる」と記載されていたが、工事業者に発注する際に行う二〇一七年一一月作成の入札仕様書では「四〇％以下」と変更されていたことを明るみにした（入札は二〇一八年二月八日）。しかも、沖縄県には無断で行っていた。約束を破ったのだ。

記事によれば、二〇一三年一二月に仲井真弘多県知事（当時）が、普天間飛行場（沖縄県宜野湾市）の代替施設として辺野古での新たな基地の建設を承認した際に、国と交わした公有水面埋立法に基づく留意事項には「環境保全図書を変更して実施する場合は、承認を受けること」と明記されていた。

赤茶色に濁ったのは、環境保全図書にある投入土砂成分の変更によるものではないかとの疑いを強めた沖縄県は土砂投入によって、環境への影響が憂慮されたため、防衛省沖縄防衛局に現場への立ち入り検査を求めた。沖縄防衛局はこれに対して、「検査を求められる法的根拠を示せ」などと反発し、拒否する事態に陥っているというのである。

翌一二日朝刊で東京新聞は、沖縄防衛局が沖縄県の求めに応じて提出した検査報告書は、実は工事契約前の一七年三月～四月に実施された検査だったことを報じた。一八年一二月一四日に投入された土砂ではない疑いが大きいというわけだ。そして、一月一一日の特報から一週間がたった一八日、防衛省はようやく望月記者らの取材に対して県に無断で埋め立て土

平成30年12月28日

内閣記者会　御中

内閣官房　総理大臣官邸報道室長
上村　秀紀

12月26日午前の官房長官記者会見における東京新聞の特定の記者による質問について、添付資料にお示しするとおりの事実誤認等がありました。

当該記者については、東京新聞側に対し、これまでも累次にわたり、事実に基づかない質問は厳に慎んでいただくようお願いしてきました。これに対し、同社からは、事実に基づく的確な質問を心掛けるよう同記者を指導していく旨の回答を繰り返し頂いてきましたが、にもかかわらず、再び事実に反する質問が行われたことは極めて遺憾です。

改めて指摘するまでもなく、官房長官記者会見は、官邸ホームページ上のインターネット動画配信のみならず、他のメディアを通じたライブ配信等も行われており、そこでのやりとりは、官房長官の発言のみならず、記者の質問も、国内外で直ちに閲覧可能になります。そのような場で、正確でない質問に起因するやりとりが行われる場合、内外の幅広い層の視聴者に誤った事実認識を拡散させることになりかねず、その結果、官房長官記者会見の意義が損なわれることを懸念いたします。

このような観点から、東京新聞の当該記者による度重なる問題行為については、総理大臣官邸・内閣広報室として深刻なものと捉えており、貴記者会に対して、このような問題意識の共有をお願い申し上げるとともに、問題提起させていただく次第です。

もとより、本件申入れは、官房長官記者会見における記者の質問の権利に何らかの条件や制限を設けること等を意図したものではありません。官房長官側においては平素より、事実関係の把握に努め、正確な情報発信に最大限留意しつつ日々の会見に臨んでいることを御理解いただき、メディア側におかれても、正確な事実を踏まえた質問をしていただくよう改めてお願いするものです。

メディア、政府の双方にとって有意義な形での官房長官記者会見の運営・実施のため、引き続き御協力いただけるようよろしくお願いいたします。

以上

菅義偉官房長官の記者会見で司会進行役を担当する上村秀紀・官邸報道室長が記者会見を主催する内閣記者会宛てに出した望月衣塑子記者の質問について「問題意識の共有」を求めた文書（２枚組を１枚に修正してあります）

砂の成分比率を変更していたことを認め、そのうえで同省は「県の承認を必要とするものではない」と回答したという。開き直りである。

整理すると、①については、東京新聞が報じたように、防衛省が仕様書どおりの材料であることを確認したというのは、沖縄県に無断で「一〇%」から「四〇%」に変えたものであった。また、県の要請に基づいて防衛省沖縄防衛局が出した確認文書（検査報告書）も工事契約前のもので、県が確認したい文書ではなかったのである。

②の琉球セメントに対する県による立ち入り検査だが、菅官房長官は「琉球セメントは、一二月一一日、そして一二月一四日に、沖縄県の立ち入り検査、これを受けています。拒否はしておりません」（一九年三月八日参院予算委員会）と答弁している。しかし、この立ち入り検査は、土砂の積み込みに使用する桟橋が、届け出通りに設置されているかどうかを県が確認するためだったのではないか。そうすると、目的が異なる立ち入り検査を「琉球セメントは拒否していない」とする菅官房長官の答弁はそもそもおかしい。

繰り返しになるが、海水が赤茶色に染まった原因となった土砂の投入が始まったのは一二月一四日だ。沖縄県の玉城康裕（デニー）知事は、「実際に投入された土砂は明らかに粘土分を含むと見受けられるにもかかわらず、当該検査結果では粘土分をほとんど含まないとされる」との、沖縄防衛局から提出を受けた埋め立て用土砂の性状検査の結果に疑問を抱いた。

そして、玉城知事は、「既に投入された土砂と同一のものかにつき、重大な疑義が生じている」と指摘して、中嶋浩一郎・沖縄防衛局長宛てに▽工事の即時中止と土砂の撤去▽赤土が含まれているかどうかを確認するための土砂の性状試験の実施や県による立ち入り検査▽検査のための土砂の提供――に応じるよう一八年一二月二一日付の文書で行政指導した。

③については、望月記者はそもそも埋立区域外の水域に限定して、赤土による汚濁の疑いを指摘しているわけでないことは質問内容から明らかなのではないか。

「埋め立ての現場では今、赤土が広がっている。琉球セメントは県の調査を拒否し、沖縄防衛局が実態把握できていない」「赤土の可能性が指摘されているにもかかわらず、国が事実確認をしない」――。

これらは先に紹介した、望月記者が一二月二六日に菅官房長官にぶつけた質問だが、十分根拠のあったことがわかる。そして、何よりも一二月二八日に抗議をした後も官邸から続いていたという質問の根拠についての説明の求めも、「(二〇一九年一月一一日の)記事が出た後、官邸から説明を求められることは全くなくなりました」(望月記者)という事実こそが、どちらに軍配が上がったのかを証明しているのではあるまいか。

東京新聞は「検証と見解」で「官邸側の『事実誤認』との指摘は当たらない」と反論し、臼田信行編集局長は四月六日に掲載された同紙の外部識者らによる第三者委員会「新聞報道のあり方委員会」の報告特集の中で「一月一一日の紙面で、質問は事実に基づかないものではなかったと間接的に証明する記事を掲載し」た、と記事の狙いを明かした。

沖縄県環境保全課によると、県赤土等流出防止条例に基づく、二〇一八年度の琉球セメントへの立ち入り検査は一回で、一二月三日に行っただけという。一方、県海岸防災課に聞いたところ、一二月一四日の土砂投入について、公有水面埋立法上の疑義が出て、立ち入り検査を沖縄防衛局に求めたという。この検査は、沖縄防衛局が拒否し続けているため、一年以上たったいまも実現していない（二〇二〇年三月一七日）。

事実経過を丹念にたどると、望月記者が事実を誤認していたとすれば、沖縄県の検査を拒否しているのは、琉球セメントへ工事を発注した沖縄防衛局であり、沖縄防衛局は実態を把握できていないのではなく、土砂を投入する前から海水が赤茶色に染まる恐れについて予見できていた可能性が高い――ということがわかる。

菅官房長官や官邸が「琉球セメントは県による立ち入り調査を受けている」とこだわるのは、望月記者が指摘した「行政の不作為」という安倍政権にとって不都合な事実を認めてしまうことにつながるからではないだろうか。

ところで、一九年一月二二日の記者会見で、岩屋毅防衛相は望月記者の「一体何を根拠にこの数字（四〇％）を防衛省、防衛局として出してきたのか」との質問に次のように答えている。

〈岩ずりの細粒分含有率について、埋立承認願書の添付図書である環境保全図書に、「概ね一〇パーセント前後」との記述があるということですが、護岸で閉め切る前に埋め立てを実施する場面を想定したものでございます。今進めておりますのは、濁りが外海へ直接拡散しないように、閉鎖的な水域を作って実施をしているものでございます。そもそも前提が異なることでございますので、齟齬があるとの指摘には当たらないものと考えております〉

〈今回の埋め立て工事における、特記仕様書は他事業、例えば那覇空港などの事業を参考としつつ、所要の地盤強度を確保する等の観点から、岩ずりの細粒分含有率を四〇パーセント以下と記載をしているものでございます〉

沖縄県は「外周護岸により閉鎖的な水域をつくらない場合の土砂投入に限って細粒分含有率が一〇％前後の岩ずりを投入するようなことは、環境保全図書には全く記載されていない」と反論し、「違法な行為」と断じた文書を一月二五日に沖縄防衛局に提出している。

防衛省と沖縄県のやりとりはわかりにくいが、要するに岩屋防衛相は、一〇％は、外周を護岸で閉め切ることをしないで工事を行う際の数字であり、いま進められている工事は外周を護岸しているので、一〇％という数字には拘束されないということを言いたいらしい。四〇％は他事業を参考に防衛省で判断した、ということのようだ。これに対して、沖縄県が環境保全図書のどこをみてもそんなことは書いていない、と反発したわけだ。当然であろう。

そもそも前提となる工事の手順が異なるというわけだが、岩屋防衛相の理屈に従えば、二〇一三年一二月に当時の仲井真弘多県知事が辺野古での新基地建設を承認した前提条件こそ異なるのではないだろうか。安倍政権の都合に合わない「事実」は、「誤認」だとして、容赦なく歪められてしまうのである。

第９章

「投票権踏みにじる」2019 年 1 月 18 日

官邸が東京新聞への抗議や、内閣記者会に「問題意識の共有」を求める申し入れを行うきっかけとなった官房長官記者会見での質問について説明する望月衣塑子記者。スクリーンに映した資料には、菅義偉官房長官（左）や上村秀紀報道室長（右中央）、長谷川栄一内閣広報官（右下）の顔写真も使っていた＝東京都文京区で 2019 年 9 月 22 日、筆者撮影

■官邸「主観に基づく個人的見解」

望月記者　宮崎議員の行動は、県民の投票の権利を踏みにじる暴挙。民意に反し、基地建設を強行に進めている（二〇一九年一月一八日）

官邸　主観に基づく、客観性・中立性を欠く個人的見解。円滑な会見の実施を著しく阻害する（二〇一九年一月二二日）

東京　沖縄県民などの中に存在する見解で質問は不当でない（二〇一九年一月二二日）

◇◇◇

官邸が東京新聞に行った九件目の申し入れは、二〇一九年一月一八日午後の質問に対してだった。

望月衣塑子記者はこの日、午前と午後にそれぞれ二回、計四問の質問を投げかけている。内訳は、一つは、政府が前年末から行っている米軍普天間飛行場（沖縄県宜野湾市）の移設に伴う名護市辺野古の沿岸部への土砂投入問題。防衛省の内規では材料単価の算定は原則として三社以上から見積もりを取ることを定めている。ところが、見積もりを依頼した一三社のうち応じたのは一社だけだった。当然、割高になる。琉球新報は翌一九日朝刊で「防衛局が当初の資金計画書で示していた辺野古新基地の総工費約二四〇〇億円の約七七％に上る」との独自試算を報じていた。このため、望月記者は「赤土の投入疑惑（第8章参照）にこれもやはり問題ではないでしょうか」とただした。これに対して菅義偉官房長官は「適切に対応しているということです」とだけ述べたのだった。

四問のうち残りの三問は、辺野古新基地建設に伴う埋め立ての賛否を問う県民投票（二月一四日告示・二四日投開票）に絡む内容だった。県民投票は、最終的には沖縄県内の全四一市町村で実施され、反対票は七割を超えるなど「辺野古ノー」の県民の意思は改めて明確になった。

しかし、投票までの過程では紆余曲折があった。県民投票に必要な事務経費を予算化するにあたって必要な議案を否決する議会が相次いだ。地方自治法では、否決されても首長の判断で「支出することができる」と定められているが、八市町議会のうち宮古島、宜野湾、沖縄、うるま、石垣の五市では市長が県民投票への不参加を表明するなど、約三割の県民が意思を表明できない恐れが高まったのである。

こうしたなかで、県民投票の実現に必要な署名数の四倍も上回る九万人以上を集める原動力となった「辺野古県民投票の会」で代表を務める元山仁士郎氏が宜野湾市役所の前で抗議のハンガーストライキを行った（ドクターストップのかかるまでハンストは、一〇五時間に及んだ）。

望月記者は「元山さんが一〇万人の思いを無にしたくないと宜野湾市役所前で抗議のハンストを一五日から始めております。五市の投票不参加は法の下の平等に違反しますが、若者がハンストで抗議の意を示さざるを得なくなっている。この状況について政府の認識をお聞かせください」と質問した。これに対して、菅官房長官は「その方に聞いてください」とあからさまに拒絶した。

望月記者は午後の会見でも菅官房長官に再び、元山氏のハンストについてぶつけた。「若者が抗議のハンストをしなければ、投票ができなくなっている現状への政府の認識をきちんとお答えください」。さすがに午前の会見と同じ発言は繰り返さなかった。「そこは県民投票、沖縄でやってますから、そこじゃないでしょうか」。しかし、その趣旨はまったく変わらなかった。

こうした流れの中で望月記者が尋ねた四問目の質問内容が官邸にとっては気に食わなかったようだ。

望月衣塑子記者 自民党の宮崎議員が、これ勉強会で県民投票の否決の道のりを指南したことを契機に一部自民党を含む議員たちが否決に回ったと語っています。宮崎議員のこの行動は県民の投票の権利を踏みにじる暴挙ですけれども今回のこの暴挙は民意に反し、辺野古基地建設を強行にいま進めている長官はじめ政府、官邸の直接的間接的な指示はなかったのかお答えください

菅義偉官房長官 それは宮崎さんに聞いてください。何回も記者会見していらっしゃるんじゃないですか

発端は、地元紙の沖縄タイムスが二〇一九年一月一三日に報じた記事「自民系衆院議員の作成資料に県民投票『否決』への道筋 勉強会で配布」だった。記事によると、弁護士資格のある宮崎政久衆院議員（比例九州ブロック）が保守系議員を対象にした勉強会向けに作成した資料で、地方自治法の解釈を示した。例えば、県民投票の関連予算を議会が否決した場合、▽市町村長が予算を「執行できる」のであって、必ずやらなければならないわけではなく、「市町村長が予算案を執行することは議会軽視であり、不適切である」▽議員が住民に対する損害賠償の責任を負うかどうかについては「原告の法的利益、当事者適格を考えれば

住民訴訟うんぬんは法的にあり得ない。たとえ提訴されても『門前払い』になると思慮する」――などと記載してあるという。「議会、議員としてはそもそも論としての県民投票の不適切さを訴えて、予算案を否決することに全力を尽くすべきだ」。そういう表現もあったという。

沖縄タイムスは、「市議会が予算案を否決したことで、県民投票に不参加を表明した市長は一様に『議会の意向を尊重する』と理由に挙げており、この意見が反映された可能性がある」と指摘した。

宮崎氏は二〇一二年一二月の衆院選で沖縄二区から立候補し、「普天間基地の県外移設」を公約に掲げたが、落選。しかし、比例九州ブロックで復活当選した（一四年一二月の衆院選も同じ）。国会議員に当選した後は、県外移設を撤回。一七年一〇月の衆院選では落選した。園田博之氏の死去に伴い、一八年一一月に繰り上げ当選した人物だ。一九年一月一六日の記者会見で宮崎氏は一八年一一月から一二月にかけて四回、地方議員の勉強会に出席したことを明かしたうえで、「反対するよう説いて回ったことはない」「取り得る手段を答えたにすぎず、報道されたような指南をした事実はない」と述べたという。

望月記者の質問の背景には、沖縄で起きていたこうした問題があったのである

東京新聞の「検証と見解／官邸側の本紙記者質問制限と申し入れ」（二〇一九年二月二〇日

朝刊）によると、官邸が問題視した望月記者の会見（二〇一九年一月一八日）での発言は、「宮崎議員の行動は、県民の投票の権利を踏みにじる暴挙」「民意に反し、基地建設を強行に進めている」という部分だったらしい。官邸は「主観に基づく、客観性・中立性を欠く個人的見解。円滑な会見の実施を著しく阻害する」と一月二一日に抗議してきたようだ。これに対して、東京新聞は「沖縄県民などの中に存在する見解で質問は不当でない」と一月二二日に回答したという。そもそも菅官房長官が――官邸が宮崎氏の行動についての評価を明らかにしていないなかで、宮崎氏を弁護するような抗議は、それこそ行政の中立性を欠く行為ではないだろうか。

■官邸は質問妨害をやめなかった

東京新聞は、官邸からの申し入れ（一月二一日）に対する回答（一月二二日）のなかで、司会進行役を務める上村秀紀官邸報道室長による質問妨害への苦情も長谷川栄一内閣広報官に伝えたようだ。

「検証と見解」によると、官邸は一月一八日午後の望月記者の質問に抗議したわけだが、東京は「本紙は今年一月二二日、長谷川広報官に文書を送り、一八日の沖縄県名護市辺野古の米軍新基地建設を巡る県民投票に関する二つの質問で、上村氏から途中に計八回、せかされたと伝えた」とし、「『お互いが落ち着いて質疑するために、事務方の催促は最小限にしてほしい』と要請した」こと明かしている。

筆者の計測では質疑全体は八五秒。上村秀紀報道室長は、望月記者の一問目のスタートから①九秒目、②一八秒目、③二七秒目、④三一秒目（二問目に移る）、⑤五五秒目、⑥六四秒目、⑦七〇秒目、⑧七五秒目――に「簡潔にお願いします」「質問に移ってください」と繰り返している。

活字だと実感しにくいが、上村報道室長の質問妨害は相当小刻みに行われている。

東京新聞の苦情に対して官邸は「会見は記者が意見や政府への要請を述べる場ではない」「主観を交えて長々と見解を述べることは会見の趣旨に合致しない」と翌一月二三日に反論する文書を返したらしい。

官邸は質問妨害をやめなかった。

翌一月二四日にはNHK番組「日曜討論」（一九年一月六日放送）での安倍晋三首相の辺野古新基地建設に伴うサンゴ移植を巡る発言に関して一分半ほどの二つの質疑でも計七回も遮られたという。東京新聞は二月一三日に再び「質問途中で何度も催促の言葉を挟むのは質問への妨害」とする文書を出している。

東京新聞は、「検証と見解」の中で、臼田信行・東京新聞編集局長による「会見は国民のためにある」との見出しの記事を掲載した。

「短い質問の途中で事務方が何度も質問をせかし、終了を促すのも看過できません。会見時間は限りがあり、『質問は簡潔に』との要請は理解できますが、こんなに頻繁に遮る例は他に聞きません。批判や追及の封じ込めとも映ります」

しかし、官邸による望月記者への質問妨害はそれでも止まなかった。

第 10 章

「質問妨害の再開」2019 年 5 月 21 日

望月衣塑子・東京新聞記者の同僚である柏崎智子記者は「官邸のやり方を見ていて記者の分断もありますが、感じるのは面前ＤＶ」と訴えていた＝東京・永田町の首相官邸前で 2019 年 3 月 14 日、筆者撮影

■25秒で「質問に移って下さい」

菅義偉官房長官の記者会見で、望月衣塑子・東京新聞記者に対する質問妨害が二〇一九年五月下旬に再び起きた。二〇一八年秋から強まっていた質問途中に司会進行役を務める上村秀紀・官邸報道室長が質問を遮る行為は、二〇一九年三月中旬、いったんはやんだかに見えたが、二カ月余ぶりの復活だった。東京新聞が官邸に改善を求める申し入れを行った後の六月に入り、妨害は再びなくなった。

いったい、何が起きたのだろうか。

五月二一日午前の記者会見。望月記者は、朝日新聞、テレビ朝日の各記者に続く最後となる三人目の質問者だった。

「東京、望月です。拉致問題についてお聞きします。二〇〇二年の小泉訪朝時は直前まで完全秘匿して水面下での交渉をしたうえで、電撃訪朝での首脳会談をし……」

質問の前提となる事実関係を共有するための説明を始めてから二五秒ほど経過したときだった。上村報道室長が突然、「質問に移って下さい」と遮るように注文を付けた。

望月記者が直後に口にした質問は、上村報道室長の妨害に押されて質問に切り替えたかのような形になった。「なぜ、水面下交渉という手段を今回は取らないのかお聞かせ下さい」

それから三日後の五月二四日午後、二八日午前の質問でもそれぞれ二九秒、二八秒がたつと上村報道室長は「質問に移って下さい」と遮ったのだった。

そして、二八日午後の記者会見。望月記者は前週から続く質問妨害について次のような質問をぶつけた。望月記者は「菅官房長官が『世の中の人もそろそろ質問妨害していたことを忘れているだろうからやってみろ』と上村報道室長に言ったかどうかはわかりません。しかし、三回も続いたのでこれは許せないと思った」と理由を明かした。

望月衣塑子記者　東京、望月です。会見での上村室長による質問妨害についてお聞きします。先週からですね、上村室長による質問妨害が再び、再開（ママ）されました。先週と今日の午前で調べますと、二五秒から三〇秒ほどの間に「質問に移って下さい」が三回ありました。あの三〇秒を越えている長い質問はほかの記者にもあるんですが、そちらには妨害はありません。これ、狙い撃ちのようにも見えるんですが、見解をお聞かせ下さい。

菅義偉官房長官　全くそんなことありません。

（**上村秀紀・官邸報道室長**「このあと日程ありますので次最後でお願いします」）

望月記者　はい。（私の）受け止めとしては妨害行為に思えます。この妨害行為についてはですね、新聞労連やＭＩＣ、そして識者や弁護士団体などもこれまで抗議の意を示しまして、官邸前のデモでは現役の記者から面前のＤＶだとの批判も出ておりました。室長の上司は菅官房長官ですけれども質問者の精神的圧力になるようなこの行為を再開された理由というのは何なんでしょうか。

菅官房長官　あのー、この会見は記者会との間で行われておりますから、記者会との間でしっかり対応してますし、そういうことはありえません。

この日（五月二八日）、望月記者は自分の短文投稿サイト「ツイッター」に「『そんなことはありません』と、まさかのクラブ（内閣記者会・筆者注）への責任転嫁。記者会が妨害再開を容認するわけもなし。不当な妨害はやめるべきだ」――などと四件も投稿した。

怒りの大きさが分かる。

望月記者が質問の中で触れた「面前ＤＶだ」と官邸前デモ（二〇一九年三月一四日）で指摘したのは、同じ東京新聞社会部の同僚である柏崎智子記者だ。

「今回の官邸のやり方を見ていて直感的に感じるのは、面前ＤＶ。望月さんのことをいじめているようであって実はその場に居合わせた多くの記者に同じようなトラウマを抱えさせ

望月衣塑子 @ISOKO_MOCHIZUKI · 2019年5月28日
先週から再開した #菅義偉 #官房長官 **の**記者会見で**の** #上村秀紀 報道室長**の**妨害行為。理由を質すと、菅氏は「会見は記者会と**の**間で行っているし、そんな事はありません」と、**まさかのクラブへの責任転嫁**。記者会が妨害再開を容認するわけもなく。不当な妨害はやめるべきだ。

望月衣塑子 @ISOKO_MOCHIZUKI · 2019年5月29日
菅官房長官**「その質問なら指さない」＝東京新聞記者に**：時事ドットコム
jiji.com/jc/article?k=2… @jijicom

別の**質問に**切り替えてみたところ「いちいち答えない」と #菅義偉 長官。驚いた。誰が**質問**させたくないのか、自白しているようなものだ。**記者**クラブではない。#菅 長官自身だ。

菅官房長官「その質問なら指さない」＝東京新聞記…
菅義偉官房長官は２９日の記者会見で、首相官邸報道室長による会見時の質問妨害があるとして、見解を…
jiji.com

望月衣塑子 @ISOKO_MOCHIZUKI · 2019年5月30日
当時の #上村秀紀 報道室長による**妨害は**とにかく酷かった。質問**が**かき消されて聞き取れない。官邸**から** #東京新聞 への抗議文の存在**が**明らかになった後、3月14日官邸前で #新聞労連 や現役記者達**が**デモ。**その頃から妨害はパタッとやんでいたが**、先週**から**突如**と**して再開した。

望月衣塑子 @ISOKO_MOCHIZUKI · 2019年6月1日
#菅義偉 #官房長官 会見での 質問制限巡り、#東京新聞 が #長谷川栄一 **広報官に改善**申し入れ。東京新聞は2月まで**に**2度、同様の申し入れしていた。#上村秀紀 報道室長による妨害は一時止んだが、先週再開。申入れ文書で「本紙記者狙い打ち**に**した質問制限」とも受け取れると指摘

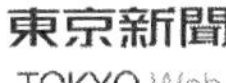

記者質問制限巡り官邸に改善求める　本紙が申し入れ
　官房長官記者会見で、本紙記者の質問を途中で官邸報道室長がさえぎったことなどについて、本紙は三…
tokyo-np.co.jp

質問妨害の再開に対して、望月衣塑子記者が行った抗議のツイート

ること。本質は支配だと思うんです。その場の記者を支配する。支配されているのかどうかは、その場ではなかなか感じにくく、『なんとなく空気が重いなー』みたいな感じになっていってだんだんと自由が奪われていくところがあり、面前DVみたいなやり方は、認めてはいけないと思ってます」

五月二八日午後の記者会見で菅官房長官は「そういうことはありえません」と述べている。「そう」とは、上村報道室長による望月記者を狙い撃ちにした妨害行為を指すと思われるが、直前に「記者会との間でしっかり対応」という言葉を重ねると、上村報道室長による妨害行為は、内閣記者会との間で了解済みで行われた可能性があると受け止めるのが自然だろう。面前DVというのであれば、その場に居合わせた他の記者たちは望月記者と同様に官邸の被害者という立場になるが、もし予め了解していたとなれば、これは被害者どころか共犯者ということになる。そんなことを内閣記者会が了解したのか。

望月記者は、翌五月二九日午後の会見で再び、質問妨害問題についての見解をただそうとした。ところが、菅官房長官は質問途中で割り込み、「大変申し訳ないけども、ここはそうしたことを質問するとこじゃなくて、記者会主催でもありますから記者会に申し入れて下さい」とはねつけた。

望月記者は「確認したいんですが、特定の記者の質問を二五秒以上たったら遮るということを記者会が容認したということを言いたいんですか」と続けようとすると、菅官房長官は「いや、記者会で問題点があったら記者会の方に問題点を指摘下さい。ここは大事な記者会見の場でありますので」と取り合わない。

全くかみ合わない質疑に、重ねて質問しようと手を上げる望月記者に、ついには「その発言だったら指しません」と拒絶したのだった。

この時点では望月記者は「日朝首脳会談についてお伺い致しますね」と別の質問に移り、いったんは引き下がったのであった。

実は、望月記者は質問するにあたって予め内閣記者会側にも聞いていた。「望月記者への質問妨害を再び始める」という打診が官邸から内閣記者会にあったのか――。これに対しては明快に否定していたという。

〈さすがにそれはありません。望月さんにだけ妨害するという要望が官邸から来ても記者会としては容認できません。絶対認められませんから〉

問題があるのは、官邸職員である、上村報道室長の行為であるのは明らかだと思うのだが、どういうわけか菅官房長官には通用しないのである。

ところで、菅官房長官が述べたように官房長官の記者会見は、報道各社の政治部記者で主につくる内閣記者会が主催し、記者から手が上がっている間、官房長官は指名し続けるという慣行で運営されてきた。終了時に幹事社の記者が、他に質問がないかを会見場全体を見回し、各社に確認するという手続きをへたうえで、終えることになっている。

これは、他の省庁や知事の記者会見と異なり、会見者が気に入らない記者の質問を受け付けないという事態にならないことが大きな特徴だった。

■小池都知事の「廃除発言」

少し話はずれるが、会見者が質問する記者を指名する方法が、いかに会見者にメリットがあるのかを会見者側の失敗例から考えてみたいと思う。

それは、望月記者が記者会見に登場してから三カ月ほど経ったときのことである。二〇一七年一〇月の衆院選（一〇日公示・二二日投開票）を控え、自民党を大きく揺さぶった、小池百合子東京都知事がこの年の九月に代表に就任した「希望の党」に絡む質問だった。

小池氏は、二〇一六年七月に自民党を飛び出して都知事選に立候補して当選。都知事に就任して以降、小池都知事は、一七年二月の千代田区長選、同七月の都議選と連戦連勝の破竹の勢いだった。テレビではワイドショーまで取り上げるほど、希望の党は安倍一強政治に楔を打つ野党として急速に支持を広げていた。

ところが、この勢いが失速するきっかけとなったのが九月二九日の記者会見で口にしてしまったいわゆる、「排除発言」だったのは記憶に新しい。

前原誠司・民進党代表は「希望の党に公認申請すれば排除されない」と所属議員に説明し、同党は希望の党への合流を決めたが、その一方で小池都知事は「安保、改憲を考慮して一致しない人は公認しない」などと述べていて、小池都知事の真意について注目が集まっていた。

この点についての見解をただしたのが、フリーランスのジャーナリスト、横田一氏だった。

都知事の定例記者会見は、週一回金曜日に開かれるが、小池都知事は横田氏の質問内容が気に入らなかったらしく、挙手しても指名されることはあまりなかったことを、横田氏は著書『検証・小池都政』（緑風出版、二〇一七年七月）の中で明かしている。同書の面白さは、小池都知事の記者会見で質問の指名を受け続ける「〝好意的記者〟ランキング」（一六年八月～一七年二月二四日）の一覧表を実名で掲載していることだ。

「批判的な記者の質問を受け付けない一方、友好的なメディアを優遇するトランプ大統領と瓜二つなのが、総理大臣待望論が出始めた人気抜群の小池百合子・東京都知事だ」。

こう書き出す記事に添えた一覧のトップに掲げられたのは『日本テレビ』の久野村記者で

一四回。次いで『THE PAGE』の具志堅記者の一二回。そして、『ニコニコ動画』の七尾記者が一〇回と上位一〇人の実名と回数を記した。この間、横田氏は二回で、小池都知事が誕生（二〇一六年八月二日）した後の一六年八月一二日以降は、指名されていなかったという。

小池都知事が同書の記述を意識していたかどうかはわからないが、横田氏は九月二九日、実に半年ぶりに指名されたという。そして、次のように質問した。

「前原代表が昨日ですね、所属議員向けに、希望の党に公認申請をすれば排除されないという説明をしたんですが、一方で、知事、代表は、安保、改憲を考慮して、一致しない人は公認しないと。言ってることが違うと思うんですが、前原代表を騙したんでしょうか。それとも共謀して、そういうことを言ったんでしょうか。お二人の言ってることが違うんですが」

小池都知事は二〇一七年九月二五日に希望の党の代表に就任していた。このため、小池氏の会見は、知事としての会見と、党代表としての会見を分けた二部制になっていて、横田氏の知事会見での質問に対して、党代表会見で答えたのが、次の内容だった。

「前原代表がどういう発言をしたのか、承知をいたしていませんが、『排除されない』ということはございませんで、排除いたします。取捨（選択）というか、絞らせていただきます。それは、安全保障、そして憲法観といった根幹の部分で一致していることが政党としての、政党を構成する構成員としての必要最低限のことではないかと思っておりますので、それまでの考えであったり、そういったことも踏まえながら判断をしたいと思います」

この排除発言の反響は凄まじく大きく、発足したばかりの小池新党にとっていわば命取りとなった。東京新聞が衆院選を検証した記事にその後のエピソードを掲載している。

二〇一七年一〇月二五日朝刊一面に掲載された連載「誤算の行方・上」は、小池都知事の「排除発言」があった翌九月三〇日に大阪市で開かれた記者会見で、小池都知事が司会者に「あてないで」と差し出したメモには横田氏の名前があったという。小池都知事は食事がのどを通らないほど悔やんだらしい。この記事では「フリー記者」と匿名だったが、明らかに横田一氏のことだ。

この例を見れば、会見者が自分の都合で質問者を指名したいと考えるのは当然だろう。本来は、それだけで情報操作でもあるのだ。

話を二〇一九年五月二九日の菅官房長官の記者会見に戻す。

■「本紙記者を狙い打ちにした質問制限」

「その発言だったら指しません」――。

これは予想外の言葉だったのかもしれない。望月記者は苦笑すると、「いいですよ。はい」と受け入れた上で、「じゃ、ほかのことを聞きます。日朝首脳会談についてお聞きしますね。えーと……」と二問目の質問に移ったのだった。菅官房長官は一九年二月二六日の記者会見では望月記者を指名し、「この会見は一体何のための場だと思っているのか」と問われたのに対して「あなたに答える必要はない」と述べていたが、今回はそもそも質問する機会を与えないという信じがたい態度を示したのである。

だから、菅官房長官が「その発言だったら指しません」と拒否することは、取材規制につながるルール違反の異例の発言だったのは当然だ。これまで望月記者については憎々しげな記事をネット版では書いてきた産経は「『質問妨害』への見解拒否　菅官房長官、東京新聞記者に」と事実関係だけの記事を出している（五月二九日配信）。

東京新聞は、長谷川栄一内閣広報官に対し、上村報道室長の妨害行為を「本紙記者を狙い打ちにした質問制限」、菅官房長官の指しませんという発言を「恣意的に質問者を選別するなら会見が形骸化しかねない」と指摘し、改善するよう五月三一日に文書で申し入れた、と報じた（六月一日朝刊）。ただ、三面の最下段の右隅で、ベタ記事という非常に目立たない扱いだった。

東京新聞は望月記者の質問に絡んでこれまで九件の申し入れを官邸から受けていた。それらに対しての回答や、質問妨害への中止要請も行ってきたが、これまで記事にはしてこなかった。

二〇一八年一二月二八日に官邸が東京新聞や内閣記者会に抗議や問題意識の共有を求める申し入れを行っていたことが二月一日に月刊誌『選択』に報じられ、日本新聞労働組合連合（新聞労連）が抗議声明を発表（二月五日）した。国会でも取り上げられるなど社会問題化したことを受けて、二月二〇日朝刊の特集記事「検証と見解／官邸側の本紙記者質問制限と申し入れ」で初めて詳細を読者に報告したのだった。

東京新聞が今回の申し入れを紙面で取り上げたのは、社外の第三者で構成する同紙の「新聞報道のあり方委員会」で、「報道の最前線で何が起きているかということもニュースであり、読者の関心は高い」（魚住昭氏）＝四月六日朝刊＝と指摘を受けるなど、官邸と東京新聞とのやりとりが水面下で行われてきたことなどへの批判に応えたものだと思われる。

繰り返しになるが、望月記者によると、「質問に移って下さい」「質問は簡潔にお願いします」――そう言って、上村報道室長が質問を遮る妨害行為は、翁長雄志・前沖縄県知事の死去に伴って二〇一八年九月に行われた県知事選を機に沖縄問題に重点を置き始めたころから強まったという。

「当時の上村秀紀報道室長による妨害はとにかく酷かった。質問がかき消されて（菅官房長官が）聞き取れない」。望月記者が五月三〇日のツイッターにそう書き込んだ妨害は、なかなか止まなかった。東京新聞は一九年一月二二日に「短い質問の途中に四回せかす言葉を挟まれた。催促は最小限にしてほしい」、二月一三日にも「質問途中で何度も催促の言葉を挟むのは質問への妨害」と二回も文書で改善を求めたが改まらなかった。

例えば、二月七日午後、国会審議への出席のため菅官房長官に代わって西村康稔官房副長官が記者会見した。二月五日に新聞労連が「官邸の意に沿わない記者を排除するような今回の申し入れは、明らかに記者の質問の権利を制限し、国民の『知る権利』を狭めるもので、決して容認することはできません。厳重に抗議します」と官邸が内閣記者会に望月記者の質問を「事実誤認」と決めつけて「問題意識の共有」を求める申し入れをしたことに対して批判する声明を出し、質問制限問題がにわかに注目を集めていた直後だった。ところが驚くことに、望月記者が妨害行為についての質問をしているさなかに上村報道室長は割って入っている。「質問は簡潔にお願いします」（一六秒）、「質問に移って下さい」（二六秒）、「質問して下さい」（三五秒）と四四秒の質問時間全体のなかで三回も妨害を行っているのだ。

この質問に対する西村副長官の回答も「今回の件につきましてはですね、上村室長からは、質問権を制約したり、知る権利を制限したり、その意図は全くないというふうに報告を受けております。まあ、いずれにしても建設的なやりとりができればというふうに思っています」

というものだった。自分が質問されているときに目の前で起こっていることさえ無視するような非建設的なやりとりが首相官邸では行われているのだ。

新聞労連や民放労連、出版労連などで構成する日本マスコミ文化情報労組会議（ＭＩＣ）が呼びかけた官邸前での抗議デモ（三月一四日）の前日にようやく、やんでいたというのだが……。

東京新聞が文書を広報官に申し入れた週明けの六月三日午後の記者会見で、望月記者に続き、質問妨害の再開を官房長官の記者会見で質問したのは、朝日新聞記者だった。

「長官会見をめぐりですね、東京新聞が六月一日付の紙面で長谷川広報官に申し入れをしたということを報じてるんですが、事実関係と受け止めがあればお伺いしたいと思います」

菅官房長官の発言は、五月二九日に望月記者の質問に対しての内容をほぼなぞられえたものだった。付け加わったのも「官房長官会見というのは記者の皆さんからの質問に対して、政府の見解、立場をお答えする場であるということをかねてから申し上げております」という、これも従来の見解を繰り返した内容だった。

上村報道室長による妨害の再開が、舌鋒鋭い質問を参院選前に続けられることを危惧した官僚の忖度なのかどうかは分からない。そして、望月記者が指摘したような「一五秒ルール」の導入を記者会が了解はしていなくても、菅官房長官に近い番記者の間では承知済みだったのかどうかも不明のままである。

■官邸「(今後も)呼びかけ行う」

六月三日(月)から七日(金)まで菅官房長官の記者会見は午前と午後を合わせて一〇回あった。

このうち、望月記者が質問したのは、三日午前(安倍晋三首相が官邸で省庁幹部と面談した内容を首相官邸が記録を作成していなかったことに関連した質問)▽四日午前(元農林水産事務次官の熊沢英昭容疑者が長男を刺殺した事件についての質問)▽五日午後(国連特別報告者のデービッド・ケイ氏が、日本では現在もメディアの独立性に懸念が残るとする新たな報告書をまとめたことについての質問)——の三回だ。

望月記者はいずれも二問、質問しているので質問数は合計で六問ということになる。質問時間を筆者がチェックしてみたところ、三日の一問目が二五秒、二問目が二四秒。四日は二問とも二九秒。五日は一問目が二八秒で、二問目が一八秒だった。このうち質問自体は数秒ほどだ。この期間に望月記者が行った六問の質問のうち、少なくとも三問では二五秒を超えていたとみられるが、上村報道室長は、質問を妨害しなかった。望月記者には質問させないというのが、本音には違いない。東京新聞の申し入れ後に質問妨害はなくなったようだが、同紙が指摘したように結局は恣意的な介入なのだろう。

二〇一九年二月一五日に政府は山本太郎参院議員の質問主意書に対して答弁書を閣議決定している。そこには「今後とも、定例会見において長官の日程管理の観点からやむを得ない場合には、司会者が、これまでと同様に協力呼び掛け等を通じて、定例会見の円滑な進行に協力を求めることはあると考えている」とある。言葉は柔らかいが、要は質問妨害はやめませんよ、という宣言であるわけだ。

菅官房長官は「記者会で問題点があったら記者会の方に問題点を指摘下さい」と言っている。東京新聞はこれに対して何か行動を起こしたのだろうか。また、官邸から同紙に対しての回答はあったのだろうか。東京新聞に対して質問書を出してみた。

東京新聞編集局に対して次の三点について聞いてみた

一　申し入れに対して、長谷川広報官、官邸側からは何らかの対応——文書での回答等はありましたか。もしあったとすれば、謝罪の有無や、回答の内容についてお教え下さい。

二　上村室長がこうした質問制限を再開した理由を東京新聞では何だとお考えでしょうか。

三　菅官房長官は望月記者の質問に対して、「（官房長官記者会見は）記者会主催でもありますから記者会に申し入れて下さい」とも発言しております。御社では内閣記者会に対して、申し入れはしたのでしょうか。行っていればその内容、行っていなければその理由をお教え下さい。

これに対して、東京新聞編集局から次のような文書回答が六月二八日付であった。

（1）長谷川広報官から文書で回答がありました。官房長官の業務日程に支障が生じないよう「やむを得ず」「呼び掛け（協力依頼）を行うことがある」等、これまでと同様に理解を求める内容でした。

（2）理由は分かりません。なお、五月末の申し入れ以降、本日まで質問制限はありません。

（3）官邸側に申し入れた後、質問制限がされなくなったため、内閣記者会への申し入れはしていません。

東京新聞の回答によれば、長谷川広報官は、同紙に謝罪するどころか、二月一五日の閣議決定に続き、今後も質問妨害があり得ることを再表明したようなものである。しかも、見てきたように五月下旬に上村報道室長が三回にわたって望月記者の質問を妨害した理由も、五月三一日に申し入れたあとに妨害が止んだ理由も官邸が「やむを得ず」とする根拠には無理がある。「官邸には理屈など通用しそうにない」、「抗議しても無駄だ」と東京新聞にあきらめようと思わせるところに長谷川氏の広報官としての腕があるのかもしれない。

一方、「記者会で問題点があったら記者会の方に問題点を指摘下さい」と言った菅官房長官と内閣記者会との力関係は微妙だ。

月刊誌『選択』二〇一九年六月号などによると、菅官房長官は『週刊文春』二〇一九年四月一一日号に掲載された「安倍政権VS平成皇室」というタイトルの記事に番記者との懇談内容の詳細が掲載されたことに激怒したらしい。令和の元号発表をめぐる裏話が録音を元にしたかのように記事にされていたからだ。

菅官房長官からいわば、連帯責任のように「今後、夜回り取材は受けない」と通告を受けた番記者たちが慌てた結果、思いついたのが、紙袋の中にICレコーダーや携帯電話を入れて録音しないことを態度で示すというものだったらしい。『選択』が付けた見出しは「菅官房長官に屈服する『番記者』 取材の際の『ある儀式』が定着」。

ICレコーダーの回収は、しばらくしてされなくなったという情報もある。いずれにしろ望月記者に対する質問妨害をめぐって内閣記者会が一致して菅官房長官に物を申すという流れにはなりそうにない。菅官房長官の開き直ったような発言は、それを見透かしているのは間違いない。

新聞労連新聞研究部が二〇一九年五月、内閣記者会の幹事業務を担当する一九社の記者を対象にアンケートを行った。三三人が回答した（このうち望月記者が官房長官会見に参加した一七年六月以降に内閣記者会に所属していた経験があるのは一九人、現在も所属しているのは一四人）。そこに寄せられた声に次のようなものがあった。

「長官の夜回りでは最近、携帯電話やICレコーダーを事前に回収袋に入れて、忠誠を誓っている。さまざまなメディア側からの萎縮・自粛が進むなかで、官邸会見の問題も起きていると感じている。非常に息苦しい」

こうした菅官房長官と番記者との力関係を背景に、第11章で取り上げる出来事が二〇二〇年一月に起きたのだった。

第11章

「非常に不当な扱いを受けている」2020年1月22日

日本新聞労働組合連合（新聞労連）が開いた集会「官邸会見の役割から考える〜ジャーナリズム、本音と建て前」には報道関係者だけでなく、一般市民も大勢参加した＝東京都文京区で2019年6月22日、筆者撮影

■質問外しに番記者側も加担?!

第1章から第9章までは首相官邸が菅義偉官房長官の記者会見をめぐって、望月衣塑子記者の所属する東京新聞に対して繰り返し行ってきた申し入れを取り上げた。第10章では、官邸が望月記者に対する質問妨害を再開したことに触れた。

本章では、官房長官会見を主催する内閣記者会の番記者たちが絡んだ出来事について考えてみたいと思う。

二〇二〇年一月、菅義偉官房長官の記者会見で、東京新聞社会部の望月衣塑子記者は質問をぶつけられない事態に陥っていた。

これまでは記者会見の最後に二問ほど質問できていた。官房長官の記者会見は記者が挙手している限り、指名し続けるルールで運用されてきたが、質問者の選択権を持つ菅官房長官が望月記者を指名しなくなったのだ。

そして記者会見を主催する内閣記者会の幹事社の記者も一月二二日午前を最後に、望月記者の質問を受けるよう菅長官に促すことをしていない。

官房長官の記者会見をめぐり、内閣記者会の内部でいま、何が起こっているのだろうか。

一月二九日午前の記者会見。中国・武漢を中心に広がりを見せる新型コロナウイルスによる肺炎について政府が前日（二八日）に感染症法に基づく「指定感染症」と、検疫法の「検疫感染症」に指定したこともあり、このときの菅官房長官への質問は、新型コロナウイルス問題に集中した。

口火を切ったのは、共同通信記者。朝日、ＮＨＫ、産経、日本テレビ、時事通信と六人の質問が続いた。菅官房長官が七人目の質問を受けようとする直前、司会進行役を務める上村秀紀・官邸報道室長がいつものように注意を喚起した。

「次の質問、最後でお願いします。このあと国会日程ありますので」

菅官房長官が七人目の質問者に指名したのは、時事通信の別の記者だった。菅官房長官が質問に答えると、幹事社の記者が「よろしいですか」と会見参加者に呼びかけた。すると、間髪置かずに上村報道室長が「はい、ありがとうございます」と記者会見の終了を宣言したのだった。

その間、およそ一〇分。

望月記者は「あります！　一問」とはっきりとした声で呼びかけたが、顧みられることはなかった。

彼女の声は幹事社の記者の耳に届いたはずだ。「幹事社の記者は望月さんが声を上げたのでびっていた」という情報もある。

望月記者は同日午後の記者会見でも指名されることはなかった。

幹事社の対応は、その一週間前に大きく変わったのだ。

■「私だけが指されていない」

官房長官会見では、記者は疑問を何度でもぶつけることができるというのが原則だったが、安倍一強政治が長期化する中で、こうした慣行は大きく変質している。

望月記者が菅官房長官に質問できた最後の記者会見（一月二二日）は、菅官房長官を担当する報道各社の「番記者」たちが後述する望月記者への対応を東京新聞に求めるきっかけとなったとされる。

その会見は、どんな様子だったのだろうか。まずは、首相官邸ホームページから概要を紹介したい。

「このあと日程ありますので、次の質問最後でお願いします」

上村報道室長のいつものこの言葉のあとに質問するのは、これまでは望月記者であることが多かった。ところが、このときは、別の記者だった。

記者会見は幹事社の記者が「よろしいですか」と会見場を見渡し、質問を希望する記者がいないことを確認したうえで、上村室長の「はい、ありがとうございました」で終了する段取りになっている。望月記者は別の記者の質問が終わると、すかさず声を発した。

望月記者「はい、長官、お願いします。あのー、昨日からずっと手を上げているんですが、私だけ指されていないんで。お願い致します」

菅官房長官はこのあと、ちらりと幹事社の記者に目を向けている。「あのー、一問よろしいでしょうか」。幹事社の記者の要請を受けて、菅官房長官は「どうぞ」と望月記者を指名した（この前日二一日の午後の記者会見映像には、望月記者が「はい、あります。お願いします。すいません、長官」と呼び掛けているのに、「よろしいですか」（幹事社）、「はい、ありがとうございました」（上村報道室長）――と望月記者の声を無視する最後のやりとりが明瞭に記録されている）。

上村報道室長が「じゃあ、次の質問最後でお願いします」と釘を刺した。ようやく、いつもの光景だ。

望月記者「すいません、二問聞きたいんですけれども。二問だけ」

菅官房長官が幹事社の記者の方に顔を向けた。幹事社は「昨日も手を上げておられたんで……」とやんわりと促した。

菅官房長官「いや、私、指名したのは、最後の一問ということで指名させていただきました」

上村報道室長が「じゃあ、次の質問、最後でお願いします」と促すのにつづいたのは、望月記者ではなく、なぜか菅官房長官だった。

菅官房長官「これ（官房長官会見）はあのー、記者会のみなさんと政府のお互いの話し合いのなかで行われておりますので、そこはできるだけルールに従ってお願いしたいと思います。私にもいろんな今日も公務等の中でですね、こうして丁寧に説明をさせていただいているところであります」

望月記者「ひたすら手を……指されないということが続いております。しかも必ず私が最後でございます。見てる限りは他の記者さんは最低でも一回は指されてるんですね。非常に不当な扱いを長官の指名によって受けていると感じます。ぜひ、見直していただきたい。なのでここで二問、昨日も含めて聞けない質問が続いておりますので……」

菅官房長官は、望月記者の発言を遮った。

菅官房長官「ここはあのー、あなたのご要望についてお答えする場所ではありません。ここは記者会とまあ、あの内閣との間の合意のなかで行われている記者会見でありますので、ご要望を申し上げる場所じゃないということを明快に申し上げておきたいと思います」

望月記者は「恣意的な最後に回す、指すのは抗議をさせていただきたいと思います。聞かせて頂きます」と言うと、「桜を見る会」の名簿廃棄問題についての質問に移ったのだった。

■「番記者だって」

菅官房長官は望月記者が会見場で直接訴える要望は拒絶する一方、幹事社の要望は突っぱねていない。一月一四日午後の会見では、幹事社の記者が「会見時間については余裕をもって確保してもらえるよう幹事社として要望したいと思います」と述べたのに対し、菅官房長官は「ご要望に応えるためにできるだけ努力しているつもりであります」と返している。

望月記者の一月の質問状況について調べてみた。

官房長官の記者会見は原則として平日の午前と午後の二回、開かれている。望月記者は一二日間で、計一四回の記者会見に出席した。このうち、質問できたのは一七日午前と二二日午前の二回で計三問だけだ。挙手したにもかかわらず望月記者だけ指名されなかったことは、五回あった。

望月記者の質問が打ち切られるなど制限される事態が始まったのは、彼女が官房長官会見に出始めてから二カ月ほどたった二〇一七年夏ごろのことだ。この「質問外し」は官邸側と内閣記者会側が〝内々に〟話し合って、「番記者には適用しない」ことを条件に始まったとされる（第12章参照）。

この露骨な「望月外し」は世論の批判を浴び、その後、会見の最後に二回指名されるということが定着してきたのだった。

ところが、二〇一九年一一月に「桜を見る会」問題が浮上し、厳しく追及する番記者が現われると、今度は望月記者を標的としていたはずの質問制限が番記者にも適用される場面が出てきた。

それにあわせて望月記者への指名も徐々に減っていく。

「菅長官に指名されないのは、望月記者だけではない。番記者だって指名されず質問できない」――。望月記者が一月二二日の会見で菅官房長官に直接抗議したのを機に、番記者の間で彼女に対する批判の声が高まったという。

菅官房長官側からも望月記者への強い不満が番記者たちに伝えられた。以下のような内容のようだ。

■菅氏が夜回り取材を拒否

▽記者会見は内閣記者会の主催。菅官房長官に対して不当な扱いと指摘するのは誤り

▽東京新聞については政治部記者も指名している。限られた時間の中で同じ会社の記者を複数指名するのは好ましくない

菅官房長官は一月二二日夜、望月記者の「直接抗議」に対する報復ともとれる行動をなぜか番記者たちに対して行っている。

番記者たちは、菅官房長官を記者会見の後に囲む取材や、議員宿舎に帰宅するのを待ち構えて囲む「夜回り取材」を日常的に行っている。たいていは発言内容を報道することができない「オフレコ」であるが、菅官房長官の本音を知る機会の一つと位置づけられている。

ところが、望月記者が抗議した一月二二日夜以降、菅官房長官は夜回り取材を拒み始めたというのである。

番記者たちはこうした事態に慌てたのだろう。彼らは翌二三日に話し合いを持った。その結果、東京新聞に対し、▽官房長官の記者会見の運用に関して意見がある場合は、主催者である内閣記者会の幹事社に伝えてほしい▽記者会見には個人ではなく会社の一員として参加していることを認識してほしい――などの数項目を要請したという。

一週間たった一月三〇日にも番記者たちは再び話し合ったようだ。望月記者に対し、▽菅官房長官から指名されなくても会見席から不規則発言をしないこと▽望月記者が不規則発言をしないように東京新聞が対応すること――などを要請したという。

望月記者が記者会見の主催者ではない菅官房長官に対し直接抗議をしたことに不満を持つ長官側に歩調をあわせたような内容である。

一月二九日午後の記者会見では、望月記者が座る会見場の席の近くに、東京新聞の菅官房長官の番記者が着席していた。番記者は最前列付近に座ることが多いのだが、あえて望月記者の近くに座るその姿は、「お目付役」のようにも映像からは見えた。

「望月さん（東京新聞記者）が知る権利を行使すれば、クラブ側の知る権利が阻害される。官邸が機嫌を損ね、取材に応じる機会が減っている」

神奈川新聞は、二〇一九年二月二一日朝刊「質問制限　削られた記事『8行』」の中で内閣記者会に所属する全国紙のある記者の声をそう伝えたが、今回はそのように考えた番記者がかなり多くを占めたということなのかもしれない。

■内閣記者会が「望月いじめ」を「黙殺」

番記者ら内閣記者会側が望月記者の指名外しを続ける菅官房長官に対して「抗議」をするのではなく、指名を外されている望月記者に対して事実上の「抗議」をしたということに、筆者は驚きを禁じ得ない。

番記者たちはオフレコ懇談の場で菅官房長官に質問や要望をすることができるが、内閣記者会に所属しない記者にはそうした機会はない。番記者たちは番記者以外の記者が菅官房長官に記者会見のあり方について直接抗議することを「不規則発言」とみなし、封じ込めに動いたといえるだろう。

官房長官は内閣のスポークスパーソンである。官房長官会見を主催する内閣記者会は会見の門戸をできるだけ広く開く責任があるのではないか。

繰り返しになるが、官房長官会見は幹事社の番記者が「よろしいですか」と参加記者に呼びかけ、質問がないことを確認したうえで司会が「ありがとうございました」と締めることが長年の慣行となってきた。番記者が「よろしいですか」と呼びかけた後に記者が「質問がありません」と応じることは何の問題もないだろう。

筆者は二〇一九年三月六日東京新聞朝刊の読者面に投稿した「『質問妨害』検証深めて」で、「社会問題化後も、会見を主催する内閣記者会の態度は見て見ぬふりに映る。いじめと同根だ」と書いた。

内閣記者会の記者たちは、望月記者の質問途中に上村報道室長が「質問は簡潔に」と露骨に遮る妨害行為を目の前で繰り返し見てきたのだ。それにもかかわらず、内閣記者会として官邸側に抗議したという話はいまも聞かない。いわば官邸による「望月いじめ」を「黙殺」する形で「加担」してきたのだ。

その内閣記者会の番記者たちが「記者会見への異議があるのなら内閣記者会に言うように」と望月記者に求めることは、果たしてフェアといえるのか。

番記者たちが読者や視聴者に見えない水面下で官邸の圧力を跳ね返そうと奮闘しているのなら声援を送りたい。しかし、内情はどうも「菅官房長官VS望月記者」という単純な構図ではなさそうだ。

関係者によると、菅官房長官に質問時間の確保を求めたり（一月一四日）、望月記者の指名を促す（一月二二日）などした幹事社の記者に対し、「そんなことを会見で求める権限が幹事社にあると思っているのか」などと批判する番記者も複数いたという。

官房長官会見での質問が番記者を含め制限され始めているのは、菅官房長官や上村報道室長が質問者の指名や司会進行を自分たちに都合良く運用していることに原因があるのは明らかだ。番記者たちは望月記者や東京新聞に対する自分たちの行動を読者や視聴者に面と向かって説明できると考えているのだろうか。

内閣記者会などの「記者クラブ」は、権力監視というジャーナリズムの目的を共有し、結束して権力に対峙することに存在意義がある。ところが、いま官邸内で起きていることは、権力から露骨な質問制限を受けているひとりの記者が、内閣記者会の記者たちから支援されるどころか、逆に疎外されているという、にわかには信じがたい事態なのだ。

メディアの敗北――そんな言葉が浮かんできた。

■『毎日』官邸キャップ「負け犬の遠吠え」

二月一四日に書店に並んだ『週刊金曜日』（一二六八号）には興味深い記事が掲載された。タイトルは、「望月『東京』記者に示した『毎日』官邸キャップの〝忠告〟の中身　菅官房長官のオフレコ取材拒否が引き金か」。ライターの佐藤和子氏による寄稿には次のような描写があった。

二月五日午前。菅官房長官の記者会見が終わり会場を出た望月記者は先述の官邸キャップ（毎日新聞政治部の官邸キャップ、筆者注）に呼び止められた。「予算委員会はいま一番忙しい時期だから時期を間違えちゃいけない。六月とか国会が終わった後にやればもうちょっと指されますよ」。官邸キャップは、来るな、質問するな、とは言わないが、〝忠告〟にしてはきつい言葉だ。

「（私は）官房長官番もやっていた。その立場から言わせると質問が下手すぎる。完全に喧嘩売っている。もう少しうまくやらないと引き出せない」

望月記者の質問には、様々な評価があり、この意見も典型例の一つだ。そして次のようにも言っている。「外野で言って終わり。負け犬の遠吠え。はっきり言って」「官房長官会見で政権のことを追及するより別の方法で追及した方がお互いのためになる」。菅官房長官の都合で指名が制限されている現状には、「それが政治ですから」。

望月記者は、自分の質問に絡んで菅官房長官が番記者とのオフレコ懇談を拒む手口を批判した。しかし、官邸キャップは「（政治家は）そういうものだから。その中で我々はいかに（情報を）取っていくか。菅さん個人の問題じゃない。単純すぎる」と否定していた。

内閣記者会に所属するすべての記者が、毎日新聞の官邸キャップのような考え方を持っているとは思わない。ただ、望月記者は、このように見ている記者にも囲まれたなかで二年半にわたって質問を続けてきたわけだ。

■終わらない質問制限

二〇二〇年二月一〇日午前の記者会見で望月記者は、菅官房長官から一月二二日以来、初めての指名を受けた。これまでと同様、最後に二問だけ質問できた。望月記者の計算では二〇二〇年一月七日から三月一〇日までの間に官房長官の記者会見に参加したのは、四〇回。このうち指名されたのは一一回で一六問の質問をぶつけた、という。

一月のときのように指名されないという事態ではないものの、三月に入ってから、従来は二問まで質問をできていたが、一問で打ち切られることが続く。

例えば、三月一〇日午後の記者会見。菅官房長官が最後の質問者として、望月記者を指名する際、上村報道室長はすかさず、「この後日程がありますので次の質問最後でお願いします」と断りを入れ、事実上、一問に制限するという手法だ。望月記者は質問に入る前に「二問聞きたいんですけど難しいですか」と菅官房長官に尋ねた。すると、「(上村報道室長が)いま、言われたとおりです」と追加質問を認めなかった。

望月記者の質問は、国際女性デー(三月八日)に関連した内容で、世界経済フォーラムの男女格差(ジェンダーギャップ)についての報告書(一九年一二月発表)で、日本は一五三カ国中一二一位と過去最低だったことなどをあげ、「政府主導での経済、政治の分野での女性登用はまだまだ進んでいない。政府としてどうしていきたいのか」とただした、これに対して菅官房長官は「結果的には最終的には国民のみなさんが決めることです」とだけ答えて会見は終わってしまったのである。

三月八日朝刊では、東京新聞をはじめ全国紙や地方紙、テレビはこの日にふさわしいニュースを手厚く取り上げたが、菅官房長官が示した政府見解は、日本での大きな男女格差の原因を国民に押しつけているようにも映る。望月記者にはさらに質問を重ねてもらい、認識をただしてほしいところであったが、「質問制限」をされたため、菅官房長官にまんまと逃げられてしまう格好になった。

菅官房長官は、このときの記者会見では別の記者には、二問、三問と重ねて質問することを認め、指名しているにもかかわらずだ。望月記者を狙い撃ちした質問制限であることは明らかであろう。また、質問の途中に、上村報道室長が「質問簡潔にお願いします」などとこれまでは急かしていたが、菅官房長官自身が「結論を早く言ってください」と促す場面も出てきている。あの手この手で生み出される「望月ルール」。いったい誰の悪知恵なのだろうか。

このときの記者会見（三月一〇日午後）で、質問をしたのは、望月記者を除くと偶然にも全員が男性記者だったが、再び目の前で起きている望月記者への差別的な官邸の対応に記者会見の主催者である内閣記者会の記者たちは何とも思わないのだろうか。

望月記者にいま、起きていることは、どの記者、ジャーナリストにも起こりうることである。繰り返しになるが、「桜を見る会」で主催者の安倍晋三首相が多くの支援者らを招いていたことが発覚し、「私物化」疑惑が浮上した二〇一九年一一月以降、番記者たちも含めて記者たちの追及が厳しくなると、官房長官の記者会見では望月記者だけだったはずの質問制限が番記者にも向けられた。

国民の知る権利に応える役割を担う記者らの質問に、政府を代表して答える立場の官房長官の記者会見が、本章で見てきたようなままで良いはずがない。

国民は内閣記者会の記者の良心に期待するしかないのだろうか。

第 12 章

「メディアの自殺行為」2017 年 9 月 12 日

「日本政府は直接、間接にメディアに圧力をかけている」。国連人権理事会特別報告者のデービッド・ケイ氏は理事会にそう報告した（2017 年 6 月）。これを受けて開かれたシンポジウム「ペンは負けないカメラは見逃さない――ジャーナリストの良心宣言 2018――」で、会場からの質問に答える望月衣塑子記者（左）と元朝日新聞編集委員の竹信三恵子氏（右）＝東京都千代田区で 2018 年 7 月 1 日、筆者撮影

■突然の会見打ち切り

＜最近菅官房長官の会見打ち切りが続く。今日は幹事社のテレ朝記者が、朝日の南彰記者が森友疑惑で「国会答弁との整合性含め、説明責任を果たすつもりか」と問い挙手する中、質問を打ち切る。追及を拒む官邸に同調し、権力監視とは程遠い行為に目を疑う＞

二〇一七年九月一二日。望月記者は、短文投稿サイトの「ツイッター」にそう書き込んだ。この日の記者会見で菅義偉官房長官は、学校法人・森友学園に国有地が格安で払い下げられた問題に関する質問に対し、大阪地検による捜査中であることを理由に「コメントを控える」と繰り返した。重ねて質問しようとする朝日新聞政治部の南彰記者＝当時、現日本新聞労働組合連合（新聞労連）委員長＝が手を挙げているにもかかわらず、幹事社として進行役を務めるテレビ朝日の記者が「（質問をさせなくて）いいですか」と官房長官の意向を確認すると、菅官房長官は「（指名しなくて）いいでしょ」と言って、一方的に会見を打ち切ったことを取り上げたものだ。

〈八月に菅長官側から「後何人、後何問まで」と会見の打ち切りを内閣記者会に打診、そして耳を疑ったが、その打診に内閣記者会が応じてしまったようだ。以降、質問は打ち切られるように。メディアの自殺行為ではないか〉

〈政府の公式見解を聞くことが大切である一方、官房長官会見は、国民の疑念や疑問を率直にぶつけ、政権中枢部に、その姿勢を問うことができる大切な場でもあるはずだ。その場をメディア自らの判断で、政権の意に添い縮めるのを認めてしまった。後世の会見にも禍根を残すことに繋がらないのか〉

望月記者が何度も投稿し、問題視するのには理由がある。それは、本書でも繰り返し言及してきたが、官房長官の記者会見は形式的には、新聞・テレビの政治部記者で主に組織する内閣記者会が主催者となって開かれているからだ。慣例として記者から質問を求める手が挙がっている限り官房長官は、指名し続けなければならない。この点は、会見運営の主導権が事実上、官邸側にある首相の記者会見と大きく異なる。質問する内容に限定はない。記者が聞きたいことを余すことなく質問できるというのは、長い官邸取材の積み重ねの中で記者会が獲得してきた公的情報を引き出す貴重なルートの一つなのだ。ただし、指名するのは、官房長官自身だ。

一方、公人中の公人である官房長官には多くの仕事が待ち受けている。無制限というわけではなく、おおむね五分から、長くても三〇分ほどというのが通例で、記者の質問も一人数問にとどまっていた。

これが二〇一七年六月からの望月記者の登場で様相が一変した。

学校法人・加計学園の獣医学部新設をめぐり、朝日新聞は二〇一七年五月一七日朝刊で「総理のご意向」文書の存在を報じた。文科省は「文書の存在を確認できない」と発表し、再調査の要求を突っぱねていた。

こうした状況の下で望月記者は、官房長官の記者会見に乗り込んだわけだ。

望月記者　もう一度真摯にお考えになって、文書の公開、第三者による調査というのは、お考えじゃないですか

菅官房長官　我が国、法治国家ですから、その法律にもとづいて、適切に対応している。こういうふうに思います。

文部科学省において検討した結果、出所や入手経緯が明らかにされていない文書につ

いてはその存否や内容なども確認の調査をおこなう必要がない。そのように判断をしたということです。

堂々巡りの質疑に上村秀紀・官邸報道室長からは「同趣旨のご質問を繰り返し行うのは、やめて頂きたいと思いますので、お願いします」との要請もあった。

「きちんとした回答を頂けていると思わないので、繰り返し聞いています」――。

望月記者がそう言って、菅官房長官に反論したのだった。

菅官房長官に対するひるまぬ追及をする記者の質問の様子を放送し、それを見た世論が政治を動かしたということになる。望月記者が新たな記者会見像を提示したということははっきりしている。従来の報道基準に照らせば、これまでと同じことを繰り返す官房長官の会見発言は「ニュース」ではない。事実、肝心の東京新聞政治部は記事にしていない。あえて言えば、記者が記事にできると判断した情報だけが読者、視聴者が共有すべきニュースであると考える時代は過去のものになりつつあるということだろう。

望月記者は、自分の会見での質問の姿勢についてこう振り返る。

「国民の目には、菅官房長官は疑惑に対して何も答えられていないし、真摯に応えようともしない人なんだと映ったと思います。あるテレビ局のプロデューサーは『このくらい厳しく質問をしても良いんだという空気が局内に生まれた』と言ってくれました。実際に自分の会社の担当記者に対して会見で重ねて質問するように指示したと聞きました」

インターネットを通じて記者会見を見られるようになった今日、記者がどのような質問をぶつけているのかという姿勢もまた国民の知る権利に応えるためのジャーナリズムの役割の一つになったことを示す象徴的な出来事だったのではないだろうか。

菅官房長官の記者会見が終わった後に望月記者は、他社の政治部記者から苦情が来たことを知らされた。

「官房長官がいつものオフレコ会見をしませんでした。このため番記者の一部にはこのまま私に自由に質問をさせ続けたらオフレコ会見をしなくなるのではないか。さらに公式会見もなくなるのではないかと心配したのだと思います」

この時の内閣記者会内部の動きを日刊ゲンダイは、官邸担当記者の話として「（望月記者は）場を乱しすぎた。それで、記者クラブの総意として、東京新聞に抗議するという話が出たのです」と書いた。見出しは「記者クラブが官房長官に忖度の愚」だった。

のらりくらりとかわす菅官房長官に食い下がる記者に対して圧力めいた抗議をすることは大人げないと感じたのだろう。内閣記者会の総意という形にはこの時はならなかった。しかし、冒頭で紹介した会見の打ち切りまでにはどういう経緯があったのか。

菅官房長官は、官邸からの記者会に対する質問打ち切りの打診について、望月記者に「そうしたことは全くありませんし、答える必要はないことだと思う」と否定し、「公務との関係で（会見時間が）長くなった場合、政府から質問数についてお願いすることはあるが、あくまでも最終的には記者クラブの判断だ」と答えている。実に巧妙な言い回しだ。

幹事社のテレ朝記者は、菅官房長官の意向を忖度したのだろうか。

■「望月封じ」の新ルール

「官房長官会見は、二〇〇八年の福田内閣以降、五〇〇回くらい見てきましたが、初めて見る光景でした。今まで経験したことのなかった異変が起きたのです」

一七年九月一二日にあった南氏への質問打ち切りから約三カ月後の一二月一四日。東京・神田神保町の専修大学で国際人権団体・ヒューマンライツ・ナウが「今、問われるメディアの独立と報道の自由」をテーマに開いたシンポジウムで、南彰氏は驚きをそう表現した。この光景とは、さらに二週間前の八月三一日の菅官房長官での記者会見でだった。

南氏によると、内閣記者会が主催する記者会見は、幹事社が質問するために手を挙げる記者がいないことを確認し、「よろしいですか？」と重ねて同意を求める。この発言を受ける形で、司会進行役の首相官邸の報道室長が「ありがとうございました」と引き取り、会見は終了するという。

「この二つがセットになって初めて記者会見は終了する仕組みになっています」

一七年八月下旬の北東アジアは、米韓が合同軍事演習を行ったり、北朝鮮が発射した弾道ミサイルが北海道上空を通過するなど緊迫した中にあった。そのわずか一〇カ月後の一八年六月にトランプ米大統領と金正恩朝鮮労働党委員長が会談するなど友好ムードに一転するとは誰もが考えられない状況だった。

「北朝鮮問題に関する質問をしていた望月記者がまだ質問があるということで手を挙げていました。最前列に座っていた幹事社が『よろしいですか』と言って報道室長が『ありがとうございました』と言ってそこで会見が終わってしまったのです。ただこのときは私も望月記者も記者会見場の後ろの方の席にいたので幹事社が気づかなかったのかもしれないと思いました」

ところが、その後も望月記者が質問をすると、一問か二問で終わることが続いたという。そして一七年九月一二日の記者会見を迎える。

「『これで幹事社が気づかないということはないだろう』とだいぶ前の方に移りました」

森友学園問題の質問が南氏、望月記者と続くが、捜査中でコメントできないという言葉が繰り返された。「もうちょっと深めたいと思って『すいません』と声を出して手を挙げたのです。官房長官は幹事社の方を見て『もういいでしょ』とつぶやくと、幹事社は押される形で『よろしいですか』と声を出すと、すかさず報道室長が『ありがとうございます』と言って会見は終わってしまったのです。八月三一日の望月記者のときとは違って今度は明確に官房長官と幹事社、報道室長は手を挙げていることを認識しながら打ち切ってしまいました」

どうしてこういうことができるようになってしまったのか驚いたという。

望月記者が六月から会見で質問するようになって以降、会見時間はそれまでよりも長くなる傾向にあった。しかし、それ以上に菅官房長官自身も執拗な追及に辟易していたのは明らかで、八月二日の記者会見では「この会見場はあなたの要望にお答えすることではありません。事実に基づいた質問に答える場所であります」といらだちを隠さなかった。

「菅官房長官自身も（朝日新聞がスクープした「総理のご意向」文書を）『怪文書』だと問題発言をしたり、いろいろ疑惑が起きたときにはこれまでは『全くありません』というコミュニケーションを遮断するような形でかわしてきましたが、（望月記者が質問するようになって）それが通用しなくなり、自分が矢面に立たされ、しんどくなってきたのではないかと思います」

官邸側が「もう少し記者会見を簡略化できないか」と打診し、記者側は時間制限は受け入れられないとした。さらに官邸側から、「報道室長が『公務があるのであと一、二問でお願いします』と断りを入れるのはどうか」と提案があり、記者側が「それを受け入れましょう」となった。ただし、番記者は適用外で手を挙げる限り、菅官房長官は指名し続ける——。そうしたやりとりがあったらしいという。

南氏は「記者クラブ全体というよりも当時の番記者を中心に幹事社と官邸で話をして新しいルールがお盆休み中に作られたことがわかりました。いわば望月さん封じのルールだと思います」と明かした。「望月ルール」は、望月記者の質問姿勢に共感を示す南氏にも適用されてしまった、というわけだ。

南氏は新ルールの危険性をこう語る。

「問題点は二つあります。一つは、望月さんのように官邸にしっかり問いただしたいという記者が現れない。また現れても質問ができないということ。もう一つは、いずれは番記者にも適用されることになるのではないかということです。番記者が厳しい質問を始めたときに『公務があるので』という形で打ち切られる状況がいずれ出てくるのではないかと思います。望月さんという特定の記者に対するルールということではなくて、記者一人一人の問題として考えていく必要があります。ルールも元に戻すという方向で見直していかなければと思います」

南氏の懸念は二年ほどたった二〇一九年の末に現実のものとなった。第11章でも触れたが、安倍晋三首相主催の「桜を見る会」の私物化疑惑への追及が厳しさを増すなかで、番記者への質問の打ち切りも行われるようになったのである。

望月記者の「参戦」によって追及を逃れたい菅官房長官は、記者会見の打ち切りという新ルールを記者側にのませることに成功したわけだ。これは明らかに取材妨害である。望月記者に対する「敵意」は官邸からだけではなかった。記者会見場に座る同じ記者からも矢を向けられていた。

■菅氏「質問に答える場でない」

「国会で述べた通りです。ここは質問に答える場じゃないと私は思います。いずれにしろ、政府見解というものを事実に関連して質問していただきたいというふうに思います。国会で答弁するということは非常に重いことです。ここでそれ以上のことを話すのは控えたいと思います」

菅義偉官房長官は、望月記者の度重なる追及に苛立ったのだろう。不快感をあらわにしながらの耳を疑うような発言だった。二〇一七年八月八日の記者会見で望月記者が質問したのは、加計学園の獣医学部新設をめぐって国家戦略特区ワーキンググループ（ＷＧ）が特区の指定を提案している愛媛県や今治市に行ったヒアリングについてだ。そこには三人の加計学園関係者が同席し、発言していたにもかかわらず、WGが一七年三月に公開した議事要旨には記載されていなかったというのである。WGの八田達夫座長（アジア成長研究所理事長、大阪大学名誉教授）は一七年七月二五日の衆院予算委員会で、次のように答弁している。

「私どもの決定のプロセスには一点の曇りもございません。議論の経過は、議事を公開しております。一般の政策決定よりはるかに透明度の高いプロセスです。公開の場で議論をしていることが公平性の何よりのあかしだと考えております」

安倍首相も国会では特区に指定するまでの議論の透明性を繰り返した。

＜このプロセスについては、諮問会議あるいはワーキンググループ、さらには事業者を選定していく分科会、これはもう透明に行われている、フェアな議論が行われています。分科会、事業者選定においては、これは文部科学省の推薦した専門家も入って議論して進められてきたものでありますし、議事録も公開されている＞（二〇一七年七月二四日衆院予算委員会）

＜国家戦略特区は、民間人が入った諮問会議、そして専門家も交えたワーキンググループでオープンな議論をし、そしてその議事録もちゃんと残していきます。適正なプロセスの上、今回の規制改革も行われた〉（二〇一七年七月二五日参院予算委員会）

ところが朝日新聞の八月六日朝刊の報道で明らかになったこの議事要旨の不記載問題は、「加計ありき」「加計隠し」の疑念を改めて深めさせるのに十分だった。朝日が一面に掲載したのは「加計側出席・発言　記載なし　二〇一五年六月の特区WG議事要旨」という見出しの三段記事。WGによるヒアリングには、加計学園系列の千葉科学大学の吉川泰弘教授らも同席し、実際に吉川氏は政府側の委員から出た、学園の教員確保の見通しについての質問に対して答えたらしい。ところが、内閣府が一七年三月に公表した議事要旨にはこの部分の記載がなかったというものだ。

特区WGがヒアリングを実施した後の経緯を説明すると、政府は二〇一五年六月三〇日に「日本再興戦略二〇一五」を閣議決定。そこには「現在の提案主体（筆者注・愛媛県、今治市）による既存の獣医師養成でない構想が具体化し、ライフサイエンスなどの獣医師が新たに対応すべき分野における具体的な需要が明らかになり、かつ、既存の大学・学部では対応が困難な場合には、近年の獣医師の需要の動向も考慮しつつ、全国的見地から本年度内に検討を行う」と盛り込まれた。国家戦略特別区域諮問会議は一二月一五日、今治市の国家戦略特区三次指定を決定。政府は翌一六年一月二六日に今治市の指定を閣議決定した。安倍首相が、加計学園からの獣医学部新設の申請を知ったのは、一年後の国家戦略特別区域諮問会議で学園が学部設置の事業者に決定された一七年一月二〇日ということになっている。

愛媛県と今治市からのヒアリングがいかに重要な通過点であったかが分かる。このWGメンバーの一人、岸博幸氏（慶応義塾大学大学院教授）は「政府の審議会と同じように選ぶ人たちの意向に近い人たちが選ばれるから全体の構成として本当にニュートラルかというと疑問が非常にある」と発言している。これは放送倫理・番組向上機構（BPO）の委員選任に関して、ネット番組内で述べたものだが、特区WGメンバーも政府の意向に近い人たちなのだろうか。話を戻す。

八田座長は朝日が報道した二〇一七年八月六日に文書を公表した。それは「今治市が、独自の判断で、説明補助のために加計学園関係者（三名）を同席させていました。特区WGの提案ヒアリングでは、通常、こうした説明補助者は参加者と扱っておらず、説明補助者名を議事要旨に記載したり、公式な発言を認めることはありません。議事要旨の公開に際しては、通常通り、提案者以外の発言は認めませんでした」という内容だった。「加計隠し」の批判を否定するものだった。八月七日の記者会見では、同学園関係者については今後も記載しない方針を明らかにしている。

望月記者は八月八日の官房長官の記者会見で「（加計学園関係者の発言を）意図的に削除するために説明補助者にしたのではないか」「詳細な議事録を早急に出すお考えはないのか」――などと質問した。これに対して菅官房長官は「八田座長が言われた通り。総理の答えた通り」などと質疑は堂々巡り。約九分半の間に一五回も繰り返される中で冒頭の菅氏の発言が出たわけだ。「ここは質問に答える場じゃない」――。

この日（八月八日）の記者会見では、朝日新聞の南氏の質問も注目された。

南氏も望月記者の質問と同じ問題に触れ、「ある保守政治家」の発言を紹介した。それはかつて自民党が野党だった時代に菅氏が著した『政治家の覚悟　官僚を動かせ』（文藝春秋）の中の一節だった。

〈政府があらゆる記録を克明に残すのは当然で、議事録は最も基本的な資料です。その作成を怠ったことは国民への背信行為〉

これは東日本大震災が一一年三月に発生した際、当時の民主党政権は、公文書管理法が同年四月に施行されることになっていたにもかかわらず、政府の関連組織が議事録を作成していなかったことに言及したものだった。〝加計学園〟問題は首相の関与をめぐる一大疑惑である。南氏はこの言葉の主の政治家名について「官房長官、ご存じですか」と問うた。ところが、菅官房長官は即座に「知りません」と答えたのだった。南氏はそれが菅官房長官自身の発言であることを明かすと、「忸怩たる思い。記録に残す気持ちにはならないのでしょうか」と重ねて尋ねた。菅官房長官からは「(議事要旨を) 残していると思いますよ」と素っ気ない答えしか返ってこなかった。

■あなたがすることのほとんどは無意味であるが……

「良心宣言ジャーナリズム二〇一八――」というシンポジウムが二〇一八年七月一日、東京都千代田区の法政大学であった。望月記者が菅官房長官会見に参加し始めた一七年六月に日本での表現の自由の状況を調査していた国連人権理事会の特別報告者、デービッド・ケイ米カリフォルニア大学アーバイン校教授が「政府が直接、間接にメディアに圧力をかけている」とする調査結果を理事会に報告した。日本政府はこれを否定する立場だが、このまま日本のジャーナリストが黙っていれば「政府の見解を認めたことになりかねない」などとして声を上げたジャーナリストがそれぞれの「良心」を表明しようという運動だ。元北海道新聞記者の往住（とこすみ）嘉文氏らが呼びかけたものだ。

シンポでは、望月記者らが講演し、一年余にわたり質問し続けてきたそれまでを振り返った。

「一七年八月末ぐらいに官邸報道室から官邸の番記者や幹事に『望月の質問だけは制限させてほしい』という内容のメールが来た。承諾はしていないということだったが、反論はしなかったと思います。八月末以降、私や南彰さんが手を挙げても『はい、終わりです』と押し切られるようになってしまいました」

年が明けて一八年に入ると、望月記者に対してはさらに厳しい仕切りとなった。「今、手を挙げた方（望月記者）は、一問でお願いします」。司会進行役の上村報道室長はそう釘を刺すようになったという。政治部の担当記者に菅官房長官は直接は苦情を述べないが、周辺の秘書らから担当記者は「あんな質問は印象操作だ」「いつまで（記者会見に）来させているんだ」などと「ちくちく言われている」（望月記者）という。

「政治部長経由で文句を言うのは迷惑をかけられないと思いツイッターでつぶやきました。そしたら、いきなり三〇〇〇リツイートくらいされまして、次の日からは（望月記者は一問だけと）ぴたっと言われなくなりました。今では二問、質問できるようになりました」

そう言うと、会場からは笑いと拍手が上がった。

ジャーナリズムとは報じられたくないことを報じることだ。それ以外のものは広報に過ぎない――。望月記者は英作家のジョージ・オーウェル（一九〇三～五〇年）の言葉で講演を締めくくった。

望月記者は著書『新聞記者』（角川新書）の「あとがき」で「大切にしている言葉がある」として、インド独立の父マハトマ・ガンジー（一八六九年～一九四八年）の言葉を紹介している。

＜あなたがすることのほとんどは無意味であるが、それでもしなくてはならない。そうしたことをするのは、世界を変えるためではなく、世界によって自分が変えられないようにするためである＞

この言葉を読んで、思い出したことが一つある。二〇一五年三月二七日。テレビ朝日の看板番組「報道ステーション」ではまだ古舘伊知郎氏がメインキャスターを務めていた。

この日、ゲスト・コメンテーターとして最後の出演となった経済産業省の官僚だった古賀茂明氏は、事前の打ち合わせになかった降板の舞台裏を暴露し、古舘氏と口論になった。

「今日が最後ということで、テレビ朝日の早川会長とか古舘プロダクション（古舘プロジェクト）の佐藤会長のご意向ということで私は今日が最後なんですけど、これまで非常に多くの方から激励を受けまして、一方で菅官房長官はじめ官邸のみなさんにはものすごいバッシングを受けてきました」。

古賀氏は降板になった理由をテレビ朝日が官邸による圧力に屈したためだと告発したのだ。事前に打ち合わせのなかった突然の発言だった。

二〇一五年一月、後藤健二氏ら日本人二人を拘束したイスラム国は、反イスラム国の勢力に二億ドルの支援を安倍首相が表明したのに対し、同額を身代金として要求したのだ。

このニュースに関連して、古賀氏は一五年一月二三日、襲撃を受けたパリの新聞社「シャルリー・エブド」への共感を示す「私はシャルリー」というメッセージになぞらえ、「『I am not ABE』というプラカードを掲げて、日本は攻めてこない国に対して攻撃することを考えていない国と、しっかり言っていく必要がある」と番組のなかでコメントした。

関係者によると、この発言をリアルタイムで見ていた菅官房長官の二人の秘書官が抗議の電話やメールをテレビ朝日の報道局の関係者に送った。このうち警察庁出身の中村格秘書官からの「古賀は万死に値する」(『週刊現代』二〇一五年四月一八日号)とのメールを受け取った報道局ニュースセンター編集長が、古賀氏の発言を問題視して局内は大騒ぎになったという。もともと古賀氏は官邸から出演させないよう名指しされていた識者の一人だった。番組関係者は「番組として共有し、了解したコメントで問題ない」と反論したらしいが、このと

「ぜひ、古舘（伊知郎）さんにお贈りしたいんですけど。マハトマ・ガンジーの言葉です」。古賀茂明氏はそう言ってフリップを手にした＝テレビ朝日の「報道ステーション」（2015年3月27日放送）から。古賀氏は最後の出演となった。筆者撮影

きの発言で古賀氏の降板の流れが決まったらしい。

菅官房長官は「オレだったら放送法に違反してるって、言ってやるところだけどな」と二月二四日のオフレコの場で番記者たちに語ったという。どの条文に反していると言いたいのかは不明だが、テレビ朝日幹部にも伝わることを意識した。菅官房長官のいわば〝脅し〟であろう。古賀氏は安倍政権の政策に批判的でテレビでのコメントに官邸は不快感を隠さなかったといわれる。

この日の番組で「古舘さんにお贈りしたい」と言って取り出したフリップに書いてあったのが、ガンジーのこの言葉だった。古舘氏は「機会があれば、企画が合うなら出ていただきたいと相変わらず思ってます」と語っていた。しかし、古賀氏が再び出演することはなく、その古舘氏も一年後

の一六年三月には番組を去っている。

当事者である東京新聞も含めてその他のマスメディアはどういう対応をしていくのか。国民は見ていると思う。

エピローグ

菅義偉官房長官に対する望月衣塑子・東京新聞記者の質問内容をめぐり、官邸が東京新聞に文書で行った申し入れは九件にも上っていた。二〇一九年二月一二日に菅官房長官が自ら衆院予算委員会で明かした。一八年一二月の抗議が翌一九年二月に明らかになったとき、筆者は一七年九月に続き二件目だと受け止めていた。実はほかに七件もの攻防が水面下であったのかと、これにはとても驚いた。そのときの衝撃と、質問妨害への批判を込めて東京新聞の「発言」欄に投稿した記事が二〇一九年三月六日に掲載された。

〈望月記者が講演会で、時には菅氏の口調やしぐさをまねたりしながら記者会見の様子を軽妙に明かす語り口からは、これほど深刻な事態を想像しなかった。官邸側は、取材の自由を十分尊重に値するとした憲法二一条の精神を軽視しており、違法性さえ感じる。菅氏は質問妨害をやめさせ、本紙や記者に謝罪するべきだ〉

当時の率直な気持ちを書き記した。

官邸による申し入れ問題を取り上げた本書『報道圧力――官邸VS望月衣塑子』のもとになる連載を始めるにあたって、メディア界でかつて大きな議論となった、ある事件を思い出していた。

それは、元法務省東京少年鑑別所法務教官でジャーナリストの草薙厚子氏と、取材に協力した医師の自宅を刑法の秘密漏示の疑いで奈良地検が家宅捜索した事件だ。一二年半も前の二〇〇七年九月に起きた。

草薙氏は、奈良県田原本町で〇六年六月に起きた母子三人の放火殺人事件をめぐって中等少年院に送致された当時高校一年の長男や医師である父親の供述調書の内容を引用した「僕はパパを殺すことに決めた」（講談社）を〇七年五月に出版した。ところが情報源となった長男を鑑定した医師を、出版によって結果的に事件に巻き込む形となってしまったのである。

奈良地検は草薙氏と鑑定医の逮捕に踏み切るのか――。

記者や編集者の間で当時、この事件は大きな議論を呼ぶことになった。関係者が集まる酒場では明け方近くまで連日、侃々諤々。ただ、論議は、なかなかかみ合わない。

すれ違う大きな理由は、二人の逮捕という最悪のシナリオも予想される中で、ジャーナリストやその情報源に対する奈良地検の強制捜査は、情報源を含む取材の自由を損ねるという、まずは権力行使への批判を重視する意見と、そうはいっても、そもそも権力の介入を招くような脇の甘い表現の本を出した草薙氏や講談社の落ち度を重視する意見とに分かれていたことにあるように思う。

鑑定医は逮捕・起訴されたが、草薙氏の逮捕・起訴は見送られた。

筆者はといえば、まずは二人が逮捕されるようなことがあってはならないという立場で、取材者として情報源を守るための表現の是非はその後からの議論だ、という考えであった。講談社の責任者、鑑定医、草薙氏の三者のインタビューなど当時の記事はそういう順序と立場から書いていたと記憶している。

さて、望月記者の質問についてである。

社会部記者として二〇一七年六月に官房長官会見に乗り込むわけだが、政治部記者の質問の作法とは明らかに異質なためか、官邸取材を担当する内閣記者会の一部には望月記者の質問を露骨に嫌がる記者もいるようだ。

「望月さん（東京新聞記者）が知る権利を行使すれば、クラブ側の知る権利が阻害される。

「私が行きたかった記者会見は実は、菅義偉官房長官ではなく、安倍晋三首相でした。当時（二〇一七年）、森友・加計学園の疑惑と、安倍首相に最も食い込む記者と言われ、『総理』というタイトルの本で一躍有名になった、元TBSワシントン支局長による伊藤詩織さんへの準強姦容疑の逮捕令状の執行が当日になって取り消された事件を取材していました。現場で取材していると出てくるのは、いずれも安倍首相の名前だったからです。ただ、首相会見で指名される記者は決まっていました。それで、官邸で実権を握り、記者対応をしている菅官房長官の記者会見に通うようになりました。しかし、本当に質問したいのはいまでも安倍首相なんです」。

望月衣塑子記者は、菅官房長官の記者会見に参加するようになった経緯をそう語っていた＝東京都豊島区で、二〇一九年六月一五日、筆者撮影官邸が機嫌を損ね、取材に応じる機会が減っている」（神奈川新聞二〇一九年二月二一日朝刊「記者の視点　質問制限　削られた記事『8行』　忖度による自壊の構図」）。

このコメントは、共同通信が二〇一九年二月一九日朝刊向けに配信した、望月記者の質問について官邸が内閣記者会に「問題意識の共有」を求めたことを取り上げた記事「官邸要請、質問制限狙いか　『知る権利狭める』抗議」のなかにもともとあった。ところが後から、一部の加盟社からの指摘を受けて、共同通信が削除をして内容を変更した経緯について、田崎基・神奈川新聞記者が検証した記事を書いたことで知られるようになった。内閣記者会に所属する政治部記者のいわば本音だと思われる。

筆者も報道関係者が集まる場で、望月記者の話題になると、望月記者が書いてきた記事の内容よりも、「あの質問の仕方は……」と切り出される場面に何度も出合った。

こちらもなかなかかみ合わない。

まず考えなければならないのは、奈良地検による草薙氏らへの強制捜査が取材の自由を侵害する懸念と同様、官邸が東京新聞に出した九件の申し入れの内容が確かな根拠のあるものであったのかどうか、それを疑うことではないかと思う。

自分なりにチェックしてみたが、筆者の結論としては、一部に望月記者の記憶違いに基づく誤りがあったにせよ、質問の主要な部分では正しかった——というものである。

東京新聞の臼田信行編集局長も「一部質問には確かに事実の誤りがあり、指摘を認めました。しかし、多くは受け入れがたい内容です」（「会見は国民のためにある」東京新聞二〇一九年二月二〇日朝刊、「検証と見解」）と明言している。

内閣記者会の掲示板に張られたという、上村秀紀報道室長名の「問題意識の共有」を求める文書だが、当時の幹事社だったのは朝日新聞で、関係者によると、内閣記者会としては受理していないということらしい。一方、官邸報道室では掲示板に張り出したのは、内閣記者会側だと認識している（筆者が執筆にかかわっている雑誌編集部を通じて官邸報道室に対して行った質問への回答）。それぞれが自分たちに都合良く解釈していると言うことなのか。そこまでは分からなかった。

一年余が過ぎたが、いまからでも官邸の申し入れの問題性について内閣記者会としての態度を表明してもよいのではないだろうか。このままうやむやにしてはならないと思う。

また、件の上村報道室長からの文書は、いまさら廃棄する必要はない。

二〇一九年夏に、愛知県で開催された国際芸術祭「あいちトリエンナーレ2019」（八月一日〜一〇月一四日）。その企画展の一つである「表現の不自由展・その後」は、「慰安婦」を象徴した「平和の少女像」や、昭和天皇の肖像（版画作品）が燃える映像など展示作品の一部がテロ予告や脅迫などの攻撃にさらされ、わずか三日間で、展示の中止に追い込まれた。

各地で展示を拒まれた作品が再び展示できなくなるという深刻な事件だった（「表現の不自由展・その後」は、六六日ぶりとなる一〇月八日に再開）。

内閣記者会は官邸からの文書をしっかりと保管しておいて、「『表現の不自由展・その後』のその後」が開かれるおりにはぜひ、出品を申し出て、読者・視聴者の観覧の機会を提供してほしいと思う。

展示会場に足を運んだ人たちは、きっと同じような感想を持つに違いない。

「民主主義社会を標榜する政府というのは、こんなふうに言論に〝けち〟をつけるのか——」。

本書のタイトルを「報道圧力」としたが、公権力の行使のチェックという役割を担う報道機関に対して官邸が行う圧力の特徴は、自らに向けられた批判への不寛容である。これが安倍政権に特有のものなのか、国家という仕組みの構造に起因するのかはわからないが、私たちはそういった特徴を露わにする政治勢力に民主主義社会の運営を委ねている。

あとがき

本書のもとになった記事は、朝日新聞社の言論サイト『論座』に、「望月衣塑子の質問」というタイトルの連載として、二〇一九年四月から二〇年二月まで断続的に七回にわたって掲載されました。『論座』では、官邸が東京新聞に申し入れた九件のうち、「事実誤認だ」「未確定な事実や単なる推測に基づく質疑応答」——などと抗議した五件（第1、2、3、7、8章）と、一九年三月にいったんは止みながら、五月になって再開した司会進行役の上村秀紀・官邸報道室長による質問妨害（第10章）。そして二〇年一月に望月記者が質問できなくなった事態が起こっていることを取り上げました（第11章）。

これを本書では官邸が「意見」「要請」——などと指摘した残りの四件（第4、5、6、9章）についても新たに追加しました。また、前著『アベノメディアに抗う』のなかから、望月記者の質問について書いた「菅さん！トウキョウ、モチヅキです」から関連する部分も収録しました（第12章）。いずれも加筆・修正しました。

最後になりましたが、『論座』での執筆を勧めてくれた朝日新聞の石川智也記者と、『論座』という自由な執筆空間を連載のために提供していただいた編集部の鮫島浩記者にはまず、感謝を申し上げたいと思います。メディア界にとって重要なテーマであったと思いますが、執筆する気持ちになったのは、お声かけがあったからです。

また、出版不況の中、緑風出版の高須次郎社長には、書籍化の機会を与えてもらいました。大変、有り難く思います。高須さんは、出版文化を守るため、再販制度を揺るがすような、大幅なポイント還元を行って巨大ネット書店に急成長した「Ａｍａｚｏｎ」に対して、自社出版物の出荷停止までして闘い続けています。編集では同社の高須ますみさん、斎藤あかねさんにお世話になりました。

二〇二〇年三月

臺　宏士

[著者略歴]

臺　宏士（だい　ひろし）

1966年埼玉県生まれ。早稲田大学卒。

1990年から『毎日新聞』記者、2014年フリーランスのライターに。メディア総合研究所の機関誌『放送レポート』編集委員、特定非営利活動法人報道実務家フォーラム副理事長、新聞労連ジャーナリズム大賞選考委員。

著書に『アベノメディアに抗う』『検証アベノメディア　安倍政権のマスコミ支配』『危ない住基ネット』『個人情報保護法の狙い』（いずれも緑風出版）。共著に『メディア、お前は戦っているのか　メディア批評2008―2018』（岩波書店）『エロスと「わいせつ」のあいだ　表現と規制の戦後攻防史』（朝日新書）『フェイクと憎悪　歪むメディアと民主主義』（大月書店）など。

報道圧力（ほうどうあつりょく） 官邸（かんてい） VS 望月衣塑子（もちづきいそこ）

2020年5月7日　初版第1刷発行　　　　定価1800円＋税

著　者　臺　宏士©
発行者　高須次郎
発行所　緑風出版
〒113-0033　東京都文京区本郷2-17-5　ツイン壱岐坂
［電話］03-3812-9420　［FAX］03-3812-7262［郵便振替］00100-9-30776
［E-mail］info@ryokufu.com［URL］http://www.ryokufu.com/

装　幀　斎藤あかね
制　作　R 企 画　　　　印　刷　中央精版印刷・巣鴨美術印刷
製　本　中央精版印刷　　用　紙　中央精版印刷・巣鴨美術印刷　E1200

　ISBN978-4-8461-2007-8　C0036

◎緑風出版の本

■全国どの書店でもご購入いただけます。
■店頭にない場合は、なるべく書店を通じてご注文ください。
■表示価格には消費税が加算されます。

検証アベノメディア
—安倍政権のマスコミ支配

臺宏士著

四六判並製
二七六頁
2000円

安倍政権は、巧みなダメージコントロールで、マスメディアを支配しようとしている。放送内容への介入やテレビの停波発言など「恫喝」、新聞界の要望に応えて消費増税時の軽減税率を適用する「懐柔」を中心に安倍政権を斬る。

アベノメディアに抗う

臺宏士著

四六判並製
二七二頁
一八〇〇円

報道機関への「恫喝」と「懐柔」によってマスコミを支配しつつある状況は深刻化している。だが、嘘と方便が罷り通る安倍政権の情報隠しに抗う人達がまだまだいる。本書は抵抗する人々を活写し、安倍政権の腐敗を暴く。

危ない住基ネット

臺宏士著

四六判並製
二六四頁
一九〇〇円

住民基本台帳ネットワークシステムの稼動により行政にプライバシーが握られると、悪利用されるおそれがある。本書は、住基ネットの内容、個人情報がどのように侵害されるかを、記者があらゆる角度から危険性にメスを入れた。

個人情報保護法の狙い

臺宏士著

四六判並製
二六八頁
一九〇〇円

「個人情報保護」を名目にした「メディア規制法」が、国会に提出された。「個人情報保護に関する法律案」だ。この法案は、民間分野に初めて法の網をかけると共に、言論・出版・報道分野も規制の対象になる。問題点を指摘する。